QINHEFENGYUN　QINHELIUYUDEMINSUTIYUWENHUA

沁河风韵系列丛书　　　主编 | 行　龙

沁河流域的民俗体育文化

杜　杰　李金龙　刘映海 | 著

山西出版传媒集团　　山西人民出版社

图书在版编目（CIP）数据

沁河流域的民俗体育文化 / 杜杰，李金龙著. —太
原：山西人民出版社，2016.7
　　（沁河风韵系列丛书 / 行龙主编）
　　ISBN 978-7-203-09597-2

　　Ⅰ.①沁…　Ⅱ.①杜…　②李…　Ⅲ.①民族形式体育
–体育文化–山西省　Ⅳ.①G852.9

中国版本图书馆CIP数据核字（2016）第101263号

沁河流域的民俗体育文化

丛书主编：行　龙
著　　者：杜　杰　李金龙
责任编辑：张慧兵
装帧设计：子墨书坊

出 版 者：山西出版传媒集团·山西人民出版社
地　　址：太原市建设南路21号
邮　　编：030012
发行营销：0351-4922220　4955996　4956039　4922127（传真）
天猫官网：http://sxrmcbs.tmall.com　电话：0351-4922159
E－m a i l：sxskcb@163.com　发行部
　　　　　　sxskcb@126.com　总编室
网　　址：www.sxskcb.com

经 销 者：山西出版传媒集团·山西人民出版社
承 印 者：山西臣功印刷包装有限公司

开　　本：720mm×1010mm　　1/16
印　　张：12.5
字　　数：240千字
印　　数：1-1600册
版　　次：2016年7月　第1版
印　　次：2016年7月　第1次印刷
书　　号：ISBN 978-7-203-09597-2
定　　价：45.00元

风韵是那前代流传至今的风尚和韵致。

沁河是山西的一条母亲河。

沁河流域有其特有的风尚和韵致，

那悠久而深厚的历史文化传统至今依然风韵犹存。

这里是中华传统文明的孵化地，

这里是草原文化与中原文化交流的过渡带，

这里有闻名于世的北方城堡，

这里有相当丰厚的煤铁资源，

这里有山水环绕的地理环境，

这里更有那独特而深厚的历史文化风貌。

由此，我们组成"沁河风韵"学术工作坊，

由此，我们从校园和图书馆走向田野与社会，

走向风光无限、风韵犹存的沁河流域。

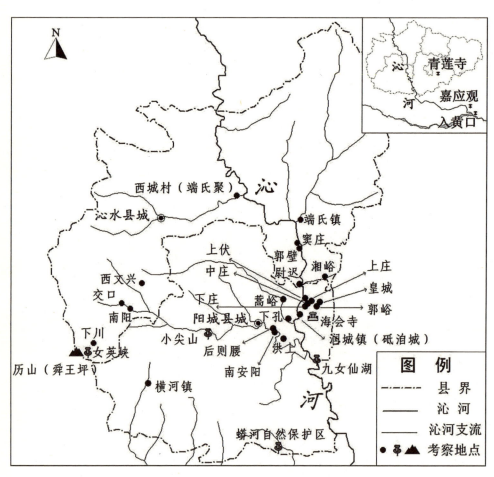

N

西城村（端氏聚）

沁水县城

沁

端氏镇

窦庄

上伏

郭壁

中庄

尉迟

湘峪

上庄

西文兴

皇城

交口

下庄

嵩峪

郭峪

南阳

阳城县城

下孔

海会寺

下川

小尖山

后则腰

洪上

润城镇（砥洎城）

女英峡

历山（舜王坪）

横河镇

南安阳

九女仙湖

河

蟒河自然保护区

青莲寺

沁河

嘉应观

入黄口

图　例

县界

沁河

沁河支流

考察地点

"沁河风韵学术工作坊"集体考察地点一览图（山西大学中国社会史研究中心　李嘎绘制）

三晋文化传承与保护协同创新中心

沁河风韵 学术工作坊

一个多学科融合的平台
一个众教授聚首的场域

第一场

鸣锣开张：

走向沁河流域

主讲人：行龙

中国社会史研究中心 教授

时间：2014年6月20日晚7：30
地点：山西大学中国社会史研究中心（萃知楼）

"沁河风韵学术工作坊"海报

田野考察

会议讨论

总　序

行　龙

　　"沁河风韵"系列丛书就要付梓了。我作为这套丛书的作者之一，同时作为这个团队的一分子，乐意受诸位作者之托写下一点感想，权且充序，既就教于作者诸位，也就教于读者大众。

　　"沁河风韵"是一套31本的系列丛书，又是一个学术团队的集体成果。31本著作，一律聚焦沁河流域，涉及历史、文化、政治、经济、生态、旅游、城镇、教育、灾害、民俗、考古、方言、艺术、体育等多方面，林林总总，蔚为大观。可以说，这是迄今有关沁河流域学术研究最具规模的成果展现，也是一次集中多学科专家学者比肩而事、"协同创新"的具体实践。

　　说到"协同创新"，是要费一点笔墨的。带有学究式的"协同创新"概念大意是这样：协同创新是创新资源和要素的有效汇聚，通过突破创新主体间的壁垒，充分释放彼此间人才、信息、技术等创新活力而实现深度合作。用我的话来说，就是大家集中精力干一件事情。教育部2011年《高等学校创新能力提升计划》（简称"2011计划"）提出，要探索适应于不同需求的协同创新模式，营造有利于协同创新的环境和氛围。具体做法上又提出"四个面向"：面向科学前沿、面向文化传承、面向行业产业、面向区域发展。

　　在这样一个背景之下，2014年春天，山西大学成立了"八大协同创新中心"，其中一个是由我主持的"三晋文化传承与保护协同创新中心"。在2013年11月山西大学与晋城市人民政府签署战略合作协议的基础上，在征求校内外多位专家学者意见的基础上，我们提出了集中校内外多学科同人对沁河流域进行集体考察研究的计划，"沁河风韵学术工作坊"由此诞生。

风韵是那前代流传至今的风尚和韵致。词有流风余韵，风韵犹存。

沁河是山西境内仅次于汾河的第二条大河，也是山西的一条母亲河。沁河流域有其特有的风尚和韵致：这里是中华传统文明的孵化器；这里是草原文化与中原文化交流的过渡带；这里有闻名于世的"北方城堡"；这里有相当丰厚的煤铁资源；这里有山水环绕的地理环境；这里更有那独特而丰厚的历史文化风貌。

横穿山西中部盆地的汾河流域以晋商大院那样的符号已为世人所熟识，太行山间的沁河流域却似乎是"养在深闺人不识"。与时俱进，与日俱新，沁河流域在滚滚前行的社会大潮中也在波涛翻涌。由此，我们注目沁河流域，我们走向沁河流域。

以"学术工作坊"的形式对沁河流域进行考察和研究，是由我自以为是、擅作主张提出来的。2014年6月20日，一个周五的晚上，我在中国社会史研究中心学术报告厅作了题为"鸣锣开张：走向沁河流域"的报告。在事先张贴的海报上，我特意提醒在左上角印上两行小字"一个多学科融合的平台，一个众教授聚首的场域"，其实就是工作坊的运行模式。

"工作坊"（workshop）是一个来自西方的概念，用中国话来讲就是我们传统上的"手工业作坊"。一个多人参与的场域和过程，大家在这个场域和过程中互相对话沟通，共同思考，调查分析，也就是众人的集体研究。工作坊最可借鉴的是三个依次递进的操作模式：首先是共同分享基本资料。通过这样一个分享，大家有了共同的话题和话语可供讨论，进而凝聚共识；其次是小组提案设计。就是分专题进行讨论，参与者和专业工作者互相交流意见；最后是全体表达意见。就是大家一起讨论即将发表的成果，将个体和小组的意见提交到更大的平台上进行交流。在6月20日的报告中，"学术工作坊"的操作模式得到与会诸位学者的首肯，同时我简单介绍了为什么是"沁河流域",为什么是沁河流域中游沁水—阳城段,沁水—阳城段有什么特征等问题,既是一个"抛砖引玉",又是一个"鸣锣开张"。

在集体走进沁河流域之前,我们特别强调做足案头工作,就是希望大家首先从文献中了解和认识沁河流域,结合自己的专业特长初步确定选题,以便在下一步的田野工作中尽量做到有的放矢。为此,我们专门请校图书馆的同志将馆藏有关沁河流域的文献集中在一个小区域,意在大家"共同分享基本资料",诸位开始埋头找文献、读资料,校图书馆和各院系及研究所的资料室里,出现了工作坊同人伏案苦读和沉思的身影。我们还特意邀请对沁河流域素有研究的资深专家、文学院沁水籍教授田同旭作了题为"沁水古村落漫谈"的学术报告;邀请中国社会史研究中心阳城籍教授张俊峰作了题为"阳城古村落历史文化刍议"的报告。经过这样一个40天左右"兵马未动,粮草先行"的过程,诸位都有了一种"才下眉头,又上心头"的感觉。

2014年7月29日,正值学校放暑假的时机,也是酷暑已经来临的时节,山西大学"沁河风韵学术工作坊"一行30多人开赴晋城市,下午在参加晋城市主持的简短的学术考察活动启动仪式后,又马不停蹄地赶赴沁水县,开始了为期10余天的集体田野考察活动。

"赤日炎炎似火烧,野田禾稻半枯焦。"虽是酷暑难耐的伏天,但"沁河风韵学术工作坊"的同人还是带着如火的热情走进了沁河流域。脑子里装满了沁河流域的有关信息,迈着大步行走在风光无限的沁河流域,图书馆文献中的文字被田野考察的实情实景顿时激活,大家普遍感到这次集体田野考察的重要和必要。从沁河流域的"北方城堡"窦庄、郭壁、湘峪、皇城、郭峪、砥洎城,到富有沁河流域区域特色的普通村庄下川、南阳、尉迟、三庄、下孔、洪上、后则腰;从沁水县城、阳城县城、古侯国国都端氏城,到山水秀丽的历山风景区、人才辈出的海会寺、香火缭绕的小尖山、气势壮阔的沁河入黄处;从舜帝庙、成汤庙、关帝庙、真武庙、河神庙，到土窑洞、石屋、四合院、十三院；从植桑、养蚕、缫丝、抄纸、制铁，到习俗、传说、方言、生态、旅游、壁画、建筑、武备；沁河流域的城镇乡村，桩桩件件，几乎都成为工作坊的同人们入眼入心、切磋讨论的对象。大家忘记了炎热，忘记了疲劳，忘记了口渴，忘记了腿酸，看到的只是沁河流域的历史与现实，想到的只是沁河流域的文献与田野。我真的被大家的工作热情所感染，60多岁的张明远、上官铁梁教授一点不让年轻人，他们一天也没有掉队；沁水县沁河文化研究会的王扎根老先生，不顾年老腿疾，一路为大家讲解，一次也没有落下；女同志们各个被伏天的热火烤脱了一层皮；年轻一点的小伙子们则争着帮同伴拎东西；摄影师麻林森和戴师傅在每次考察结束时总会"姗姗来迟"，因为他们不仅有拍不完的实景，还要拖着重重的器材！多少同人吃上"藿香正气胶囊"也难逃中暑，我也不幸"中招"，最严重的是8月5日晚宿横河镇，次日起床后竟然嗓子痛得说不出话来。

何止是"日出而作，日入而息"，不停地奔走，不停地转换驻地，夜间大家仍然在进行着小组讨论和交流，似乎是生怕白天的考察收获被炙热的夏夜掠走。8月6日、7日两个晚上，从7点30分到10点多，我们又集中进行了两次带有田野考察总结性质的学术讨论会。

8月8日，满载着田野考察的收获和喜悦，"沁河风韵学术工作坊"的同人们一起回到山西大学。

10余天的田野考察既是一次集中的亲身体验，又是小组交流和"小组提案设计"的过程。为了及时推进工作进度，在山西大学新学期到来之际，8月24日，我们召开了"沁河风韵学术工作坊"选题讨论会，各位同人从不同角度对各选题进行了讨论交流，深化了对相关问题的认识，细化了具体的研究计划。我在讨论会上还就丛书的成书体例和整体风格谈了自己的想法，诸位心领神会，更加心中有数。

与此同时，相关的学术报告和分散的田野工作仍在持续进行着。为了弥补集体考察时因天气原因未能到达沁河源头的缺憾，长期关注沁河上游生态环境的上官铁梁教授及其小组专门为大家作了一场题为"沁河源头话沧桑"的学术报告。自8月27日到9月18日，我们又特意邀请三位曾被聘任为山西大学特聘教授的地方专家就沁河流域的历史文化作报告：阳城县地方志办公室主任王家胜讲"沁河流域阳城段的文化密码"；沁水县沁河文化研究会副会长王扎根讲"沁河文化研究会对沁水古村落的调查研究"；晋城市文联副主席谢红俭讲"沁河古堡和沁河文化探讨"。三位地方专家对沁河流域历史文化作了如数家珍般的讲解，他们对生于斯、长于斯、情系于斯的沁河流域的心灵体认，进一步拓宽了各选题的研究视野，同时也加深了相互之间的学术交流。

这个阶段的田野工作仍然在持续进行着，只不过由集体的考察转换为小组的或个人的考察。上官铁梁先生带领其团队先后七次对沁河流域的生态环境进行了系统考察；美术学院张明远教授带领其小组两赴沁河流域，对十座以上的庙宇壁画进行了细致考察；体育学院李金龙教授两次带领其小组到晋城市体育局、武术协会、老年体协、门球协会等单位和古城堡实地走访；政治与公共管理学院董江爱教授带领其小组到郭峪和皇城进行深度访谈；文学院卫才华教授三次带领多位学生赶去参加"太行书会"曲艺邀请赛，观看演出，实地采访鼓书艺人；历史文化学院周亚博士两次到晋城市图书馆、档案馆、博物馆搜集有关蚕桑业的资料；考古专业的年轻博士刘辉带领学生走进后则腰、东关村、韩洪村等瓷窑遗址；中国社会史研究中心人类学博士郭永平三次实地考察沁河流域民间信仰；文学院民俗学博士郭俊红三次实地考察成汤信仰；文学院方言研究教授史秀菊第一次带领学生前往沁河流域，即进行了20天的方言调查，第二次干脆将端氏镇76岁的王小能请到山西大学，进行了连续10天的语音词汇核实和民间文化语料的采集；直到2015年的11月份，摄影师麻林森还在沁河流域进行着实地实景的拍摄，如此等等，循环往复，从沁河流域到山西大学，从田野考察到文献理解，工作坊的同人们各自辛勤劳作，乐在其中。正所谓"知之者不如好之者，好之者不如乐之者"。

2015年5月初，山西人民出版社的同志开始参与"沁河风韵系列丛书"的有关讨论会,工作坊陆续邀请有关作者报告自己的写作进度,一面进行着有关书稿的学术讨论,一面逐渐完善丛书的结构和体例,完成了工作坊第三阶段"全体表达意见"的规定程序。

"沁河风韵学术工作坊"是一个集多学科专家学者于一体的学术研究团队,也是一个多学科交流融合的学术平台。按照山西大学现有的学院与研究所(中心)计,成员遍布文学院、历史文化学院、政治与公共管理学院、教育学院、体育学院、美术学院、环境与资源学院、中国社会史研究中心、城乡发展研究院、体育研究所、方言研究所等十几个单位。按照学科来计,包括文学、史学、政治、管理、教育、体育、美术、生态、旅游、民俗、方言、摄影、考古等十多个学科。有同人如此议论说,这可能是山西大学有史以来最大规模的、真正的一次学科交流与融合,应当在山西大学的校史上写上一笔。以我对山大校史的有限研究而言,这话并未言过其实。值得提到的是,工作坊同人之间的互相交流,不仅使大家取长补短,而且使青年学者的学术水平得以提升,他们就"沁河风韵"发表了重要的研究成果,甚至以此申请到国家社科基金的项目。

"沁河风韵学术工作坊"是一次文献研究与田野考察相结合的学术实践,是图书馆和校园里的知识分子走向田野与社会的一次身心体验,也可以说是我们服务社会,服务民众,脚踏实地,乐此不疲的亲尝亲试。粗略统计,自2014年7月29日"集体考察"以来,工作坊集体或分课题组对沁河流域170多个田野点进行了考察,累计有2000余人次参加了田野考察。

沁河流域那特有的风尚和韵致,那悠久而深厚的历史文化传统吸引着我们。奔腾向前的社会洪流,如火如荼的现实生活在召唤着我们。中华民族绵长的文化根基并不在我们蜗居的城市,而在那广阔无垠的城镇乡村。知识分子首先应该是文化先觉的认识者和实践者,知识的种子和花朵只有回落大地才有可能生根发芽,绚丽多彩。这就是"沁河风韵学术工作坊"同人们的一个共识,也是我们经此实践发出的心灵呼声。

　　"沁河风韵系列丛书"是集体合作的成果。虽然各书具体署名，"文责自负"，也难说都能达到最初设计的"兼具学术性与通俗性"的写作要求，但有一点是共同的，那就是每位作者都为此付出了艰辛的劳作，每一本书的成稿都得到了诸多方面的帮助：晋城市人民政府、沁水县人民政府、阳城县人民政府给予本次合作高度重视；我们特意聘请的六位地方专家田澍中、谢红俭、王扎根、王家胜、姚剑、乔欣，特别是王扎根和王家胜同志在田野考察和资料搜集方面提供了不厌其烦的帮助；田澍中、谢红俭、王家胜三位专家的三本著述，为本丛书增色不少；难以数计的提供口述、接受采访、填写问卷，甚至嘘寒问暖的沁河流域的单位和普通民众付出的辛劳；田同旭教授的学术指导；张俊峰、吴斗庆同志组织协调的辛勤工作；成书过程中参考引用的各位著述作者的基本工作；山西人民出版社对本丛书出版工作的大力支持，都是我们深以为谢的。

前　言

　　水孕育了生命，河催生着文明。"沁水"一名始自于西汉，近人也将之称为沁河，485公里的河流却孕育着1.3万余平方公里的文明。她穿行于太岳山中，时而奔放时而婉约，承转开合最终汇入了我华夏文明伟大的摇篮——黄河。

　　沁河沿岸的老百姓一直将沁河述说为"流淌在心中的河流"，因为在他们的生活中一直相信着一个美丽的传说：很久很久以前，老百姓生活在一片没有生命的荒滩，到了寒冷的冬季，西北风卷着狂沙漫天飞舞，好不容易修建好的房屋，被那肆虐的寒风掀开屋顶，老百姓只能同牲畜一起居住在洞穴。好不容易盼到了天气转暖，但好景不长，夏天那火毒的太阳炙热地烘烤着大地，土地干裂，庄稼枯萎，老百姓只能不断地迁徙，受着路途的劳累。大家都有一个梦想，梦想着能够有一个地方，这个地方有一座巍峨的大山，能为他们遮挡寒冬的狂风；梦想着能够有一个地方，这个地方有一条清澈的河流，能够为他们滋润植被带来丰收；梦想着能够早日脱离居无定所、食不果腹的苦难生活。不知是什么时候，有一对名叫山宝与水玉的青年男女来到了这个苦难的地方，男的魁梧，女的俊秀。他们就地取材，用泥巴和稻草修起了三间小房，并开辟了一小块荒地开始了耕种，默默地在这里定居了下来。此地的百姓对他们的到来并不以为然，也许心里还在犯着嘀咕，好好的一对青年竟然来到这块酷似地狱的地方。他俩并不以为然，在坚持耕作的同时，无论酷暑与寒冬，经常奔走于石头嶙峋的荒滩之上，似乎在寻找着什么。

　　时光如梭，也不知道多少时间从这片贫瘠的土地上穿梭了过去，但对于山宝与水玉来说似乎是一段很漫长的时光。又是一个熟悉的夜晚，百姓们同往常一样刚刚睡熟，突然雷声轰轰、电光闪闪，大家感觉到大地在颤抖，星空在回旋。当早晨的第一缕阳光升起的时候，大家都被眼前的景象惊呆了，一座大山巍峨耸立、一条大河穿山而过，眼前树木参天、翡翠生辉，前方波光粼粼、水色澄碧。百姓们在心中暗想这是在做梦吧，但听到人们越来越多的欢呼声，反手掐掐自己的脸庞，原来这并不是梦，而是百姓们的梦想实现了，越来越多的人加入了欢庆的队伍当中。当人们逐渐从欢庆当中安静下来时，他们似乎发现在欢庆的队伍当中，少了一直默默生活的山宝与水玉，那三间简陋的用泥草搭建成的小屋也消失了。正当人们疑惑的时候，远处的天际山宝挽着水玉的手，微笑着在同大家打招呼，之后缓缓地消失在了云雾之中。此时百姓们才意识到，山宝与水玉原来是神仙，他们来到这里视察百姓的苦难，根据百姓的需要，一个变成了大山，一个化作了长河，将百姓从苦难中解脱了出来，实现了百姓们的梦想。后来，人们把山宝变成的这座大山称为太岳，意思是高大而稳重，把水玉化成的这条河流起名为沁水，寓意着流淌于人们心中的水。

虽说是美丽的传说，但沁河流域孕育出文明却是不争的事实。就是这样一条不大不小的黄河一级支流，"流淌在人民心中的水"，默默地孕育着这片流域。这片土地水波嶙峋，这片土地大山巍峨，这片土地物资富饶，这片土地经济殷实，这片土地文化厚重，这片土地英才辈出。蜿蜒沁河水，巍巍太岳山，孕育着丰富的炭、铁、硫黄等矿产资源，催生了当地商业的发展，使泽潞商人在经济史上占有了一席之地。此处有舜耕历山的故事，有下川文化的遗址，有海会别院的读书圣地，浸润着一方水土悠厚美丽的传统文化。出现过宰相田从典、陈廷敬，尚书王国光、张慎言等，更有"九凤朝阳""十凤重鸣"的故事，铸就了此方水土"康雍盛时，名列三城"，"嘉道之际，风高五属"的历史辉煌。美丽的自然景观，厚重的历史文化，决定了这样一片土地有着独特的研究意义，吸引着来自四面八方的研究者，揭开时间所蒙盖着的尘沙，让这方水土昭示天下。

现代以来，人们对一事物再也不满足单学科、独视角的认识，而是通过学科交叉、视域融合的方式对事物形成比较完整的认识。事业的发展也再不满足单兵作战，而是需要各团队有机整合，合理配合进行开发与发展，这样才能在当代体系化林立的事业之林中更好地生存。在山西经济转型大力开发地方旅游文化与高校社会服务功能的双重吸引下，由我国著名的历史学家、山西大学副校长、山西大学中国社会史研究中心博士生导师行龙牵头，以"整合学科资源，发挥学科优势，提升综合实力，提高服务地方社会的能力"为目的，在山西大学中国社会史研究中心成立山西大学八大协同创新中心之一、山西大学唯一社科类协同创新中心——三晋文化传承与保护协同创新中心。中心于2014年6月20日晚上7点30分，以沁河风韵学术工作坊的形式，行龙教授"走向沁河流域"的演讲鸣锣开张了。在社会史中心古色古香、不大的教室中，汇聚了来自山西大学中国社会史研究中心、山西大学人力资源处、山西大学文学院、山西大学政治与公共管理学院、山西大学城乡发展研究院、山西大学历史文化学院、山西大学美术学院、山西大学生命科学学院，以及山西大学体育学院的专家、学者、教师、研究生等，大家静静地聆听着教授的讲演，用心去领悟着协同创新。自开张后，山西大学文学院田同旭教授以"沁河流水：沁水古村落漫谈"，山西大学中国社会史研究中心张俊峰教授以"获泽河畔：阳城古村落历史文化刍论"为主题分别进行了讲演，之后，由行龙教授主持"相得益彰：二十余选题聚集商讨"。

知与行总是相伴而行的，当演讲进行到一定阶段，紧接着便开始了具体行动。2014年7月29日，由山西大学"三晋文化传承与保护协同创新中心"学科召集人、副校长行龙教授带队，集结了山西大学历史、文学、政治、环境、教育、体育、美术等学科的专家、老师、研究生，对沁河流域的风土民情、古堡建筑、历史文化、考古发现、生态环境、旅游开发、传统体育等方面进行了为期11天的田野考察。考察结束后，于8月24日晚上，行龙教授主持召开沁河风韵学术工作坊选题讨论会，确定了各自方向的选题。

经过多次多学科的交叉讲演、讨论、田野考察，以及反复对课题论证后，我们组成了以山西大学体育学院李金龙教授为主要负责人的沁河流域民俗体育文化考察与武备研究团队，对沁河流域的民俗体育文化与武备文化进行考察研究。记忆总是将某些信息印刻在其载体之上，而在众多的载体中，身体的承载方式是独特的，也是唯一的。记忆总需经过认知再次解译载体上的信息，而身体将载体与记忆融为了一体，身体的运动便是记忆的再现。跨越历史的身体记忆，将流传至今的沁河流域民俗文化再现于身体运动，本书将着力捕捉沁河流域这种再现于身体上的记忆，将其美名"沁河流域民俗体育文化"，通过本书呈现予读者。

团队以再现沁河文化之身体记忆的理念，对课题进行多次论证与全面考察的基础上，多次深入当地进行了具体细致的田野工作。在团队的共同努力下，我们完成了旱船小车舞、竹马、二鬼摔跤、打花棍等节日庆典传统体育项目13项，摔泥泡、赶蛋、跑强盗、跳格、斗鸡等日常生活中的传统体育项目13项，以及太极拳、形意拳、鞭杆等当地武术类传统体育项目与易筋经、八段锦等传统养生类体育项目10项，将全部通过本书呈献给喜爱传统文化的读者。

行龙教授讲演

田同旭教授讲演

张俊峰教授讲演

下川田野考察

冒雨抵达沁河入黄口

晚上总结讨论会

行龙教授访谈

李金龙教授访谈

走访晋城市体育局

访谈晋城市体育协会

走访晋城市博物馆

专心听取讲解

刘映海博士访谈　　　　　　　　　李金龙教授访谈

体育组团队在窦庄考察　　　　　体育组团队在晋城市博物馆考察

旱船小车

疙拦棒

竹马

舞狮

舞龙

抗桩

目　录

CONTENTS

CONTENTS

一、流动沁河　身心传承

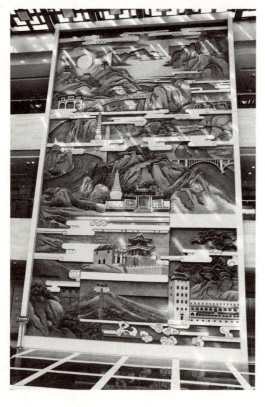

"少小离家老大回，乡音未改鬓毛衰。"飞驰的列车上是那首熟悉的家乡名歌"人说山西好风光，地肥水美五谷香，左手一指太行山，右手一指是吕梁，站在那高处望上一望，你看那汾河的水呀，哗啦啦啦流过我的小村旁……"伴随着歌声，列车缓缓停靠在了素有"表里山河"之称的山西省城——太原。

在祖国幅员辽阔的版图上可以看到，山西雄踞于黄土高原之上，其境内可谓是山脉延绵，丘陵起伏，沟壑纵横，雄险巍峨。《左传·僖公二十八年》中写道："子犯曰：'战也。战而捷，必得诸侯。若其不捷，表里山河，必无害也。'"其中用"表里河山"四个字，具体而形象地说明了山西境内河多山高，地势险要，易守难攻的地势情况。沁河流域坐落于山西的东南面，流经山西省的众多经济文化重镇。清代顺治年间的《潞安府志》中记载："初置郡时，奄有潞、泽、沁、辽之地，居太行之巅，据天下之脊。自河内观之，则高山万仞；自朝歌观之，则如黑云在半天。"从文中的描述可以得知，沁河流域山峰林立，沟壑众多，地势险峻。山西的整个版图基本上都处于山地之中，城市基本都坐落在山间"盆地"，自北向南有大同盆地、忻定盆地、太原盆地、长治盆地、临汾盆地、运城盆地，由两条线将整个山西分为了晋北、晋中、晋南，也就是俗称的三晋。三晋由11个市区组成，分别是大同市、朔州市、忻州市、太原市、阳泉市、晋中市、吕梁市、长治市、临汾市、晋城市、运城市。而这回要踏入的是处于晋、冀、豫三省交界处，山西的东南部，沁河流域地区。

初次踏入这一片土地，看着河水从崇山峻岭中奔涌而来，浩浩荡荡，像无尽的历史，而那深处，是耐人寻味的故乡，有一群先人，曾在这个地方生息繁衍，这一方水土，孕育了一方可爱可敬的人。河岸旁已是高楼林立，纵横交错的道路上奔驰着的汽车川流不息，但是，现代化设施终究无法掩盖作为一个悠久的人类文明的栖息地曾经所拥有的辉煌，她的魅力经过了上千年的洗涤，如今，依旧让人无法忘记。

放眼整个世界的文化变迁，公元前4000年左右幼发拉底河流域与底格里斯河流域形成了古巴比伦文化，公元前3500年左右尼罗河流域形成了古埃及文化，公元前2500年左右恒河流域与印度河流域形成了古印度文化，公元前2070年左右黄河流域与长江流域形成了中华文化，在历史长河残酷的洗礼中，中华文化是基本没有出现过断层的文化。古巴比伦文化、古埃及文化、古印度文化、古中国文化，这些文化的发生与发展都伴随着一个共同的特点，那就是"河流"。推进河流的总是那些高低不平的地势，共同组成了中华大河山，孕育了美丽的中国文化。

从"河山""山水"可见，山与水是密不可分的两者，可谓山中之水。水是生命之源，美丽的沁河水让人们看到美好生活的曙光，为人们的生活提供了生活的基本保障。在那崇山峻岭当中，一条时而蜿蜒、时而澎湃的美丽的河流穿行在太行、王屋和太岳之中，汩汩清澈沁心的水流静静地浸润着这一方的文明，这就是沁河，这就是沁河流域。沁河发源于山西长治市沁源县西北太岳山东麓的二郎神沟（另一说是山西省平遥县黑城村），滔滔沁河水从太岳山中流出，自北向南，宛如巨龙般穿行在大山之间、峡谷之中，时而腾空飞蹿、时而宁静安详，一路穿越沁源、安泽、沁水、阳城，于阳城县润城镇切穿太行山脉，于拴驴泉进入济源市紫柏滩，最终汇入河南省，再经济源、沁阳、博爱、温县，于武陟南汇入黄河。沁河在春秋时期名叫少水，西汉时期开始称为沁水，也称作洎水，近代以来称作沁河。河流全长485公里，流域面积达到13532平方公里。在山西省境

内沁河全长360公里，流域面积为10700平方公里，其中最主要的支流有柏子河、赤石桥河、丹河、阳城河、端氏河、获泽河等。

沁河流域重峦叠嶂、地势险峻，不得不让人们惊叹大自然神奇的造化。东有太行山，西有太岳山，南有王屋山，成为沁河流域的天然屏障。太行山，又名五行山、王母山、女娲山，是中国东部地区的重要山脉和地理分界线。太行山位于山西省与华北平原之间，纵跨北京、河北、山西、河南4省、市，山脉北起北京市西山，向南延伸至河南与山西交界地区的王屋山，呈东北—西南走向，绵延400余公里。太行山由多种岩石结构组成，呈现不同的地貌，大部分海拔在1200米以上，有众多河流发源或流经，地势北高南低并储藏有丰富的煤炭资源。太岳山又名霍太山，位于山西省中南部，主峰霍山。东与沁潞高原相连，西以霍山大断层与汾河谷地相接，北起介休市的绵山，南经灵石、霍州、沁源、古县、安泽、浮山、沁水等县，直至绛县的横岭关与中条山脉相接。山体走向近于南北，长约200公里，宽约30公里，是汾河与沁河的分水岭。太岳山脉的北段主峰和主峰附近山势最为挺拔高峻，海拔2300米~2500米，南段次之，中段较为低缓，海拔1500米左右。王屋山位于河南省西北部的济源市，东依太行，西接中条，北连太岳，南临黄河，是中国古代九大名山之一，也是道教十大洞天之首，道教主流全真派圣地。王屋山绝顶海拔1715.7米，相传为轩辕氏黄帝祈天之所，名曰"天坛"。这些山峰有着巍峨多姿的气势，有着丰富的矿产资源，但同时也给当地人们的生活带来了不便。沁河流域被太行山、太岳山和王屋诸山环绕，形成山多川少的地形特点。

　　沁河流域境内峰峦叠嶂的山峰为人们提供了防御、耕作的场所，提供了生活居住的地方。而水让生命的存在成为可能。沁河水从崇山峻岭中奔涌而来，浩浩荡荡。沁河流域水资源非常丰富，但流淌、穿梭于高山峻岭间，使得水资源的利用相对困难，再加上山西地处中国大陆偏东部中纬度的内陆，是典型的大陆季风气候，这就决定了这里气候干燥、干旱少雨。山西素有"十年九旱"的说法。沁河流域的气候亦是如此，在一些庙宇碑刻中也有记载："太行居天下脊，吾陵尤据太行之脊。地硗壤薄，旱潦皆虞。"严重的自然灾害让沁河子孙历经苦难。面对可耕种面积少和水资源难以利用，再加上干旱的气候，导致这里农业的生产和发展比较困难。在古代这样艰苦的环境中催生着一个又一个美丽的传说，如女娲补天、精卫填海、愚公移山等等，这些故事使得生活在这里的人们有了面对灾害时坚韧不拔的品格和面对丰收时喜悦的心情。这些故事中，无不体现着人们对美好生活的向往之情。

　　在晋城市的泽州县金村镇有一座山叫作浮山，据说女娲补天的故事就发生在这里。女娲补天的传说，在《列子·汤问》《淮南子·览冥训》

《山海经》等书中均有记载。《泽州府志·山川》："县东南三十五里，插入天汉，高若云浮，形家谓为天马。上有伏羲庙，北谷娲皇窟，中虚如囊，相传炼石补天处。"记载的便是这个地方，传说女娲是非常善良的女神，她为天下百姓做了好多好事，她教会了人们结婚，给人们创造了笙簧（乐器）等。突然有一天，火之神祝融与水之神共工打了起来，二位神仙打得天昏地暗，致使百姓不得安宁，最后祝融打败了共工，失败后的共工恼羞成怒，一头撞向了不周山。这时不周山开始崩裂，撑天柱也随之断裂，一时间天空破了个很大的窟窿，地也出现了一条很大的裂纹，山林起火，洪水喷涌，世间的百姓直接面临着生命危险。女娲目睹此况，深感痛苦无比，她费尽辛苦，架起火将五色的石子熔化成浆，用五色石浆补好了大窟窿，然后又切下水中作乱的大龟四只脚，将其化作撑天的四根柱子，之后擒杀了残害百姓的黑龙，压住了龙蛇嚣张的气焰，将大量芦草燃烧成灰，填埋在了洪流周围，最终平息了这场人类的灾难，至此，老百姓重新过上了平安幸福的生活。可是从此，观察天空还会发现，天空有些向西北倾斜，太阳、月亮和众星辰都向着西方回归，江河里的水都开始向着东南方向流淌。

此外在羊头山与发鸠山之间，流传着精卫填海的故事。很久以前，羊头山下发洪水，在羊头山和发鸠山之间形成了一片汪洋，称为"东海"，炎帝的女儿经常在东海嬉戏，但是不慎溺水，为了以后不再有人再次溺水，她便化作精卫鸟，经常衔西山的木石来填东海，想要把东海填平。在陶渊明的《读山海经》的诗中就写道："精卫衔微木，将以填沧海。"

愚公移山的故事则发生在太行山的南端和王屋山之间一个叫愚公谷的地方。沁河流域地势险峻，山峰林立，在神话故事《愚公移山》中所提到的太行、王屋山就跨居晋城，其中王屋山是中条山的分支。从我们曾经学习过的《愚公移山》的古文中了解到，愚公面对两座大山所造成的交通堵塞，他就想集合大家的力量把前面的阻碍铲平，面对智叟的质疑，愚公曰："虽我之死，有子存焉；子又生孙，孙又生子；子又有子，子又有孙；子子孙孙无穷匮也，而山不加增，何苦而不平？"最终感动了上苍，

移走了这两座大山。

　　"商王祈雨"的故事据说发生在析城山。沁河沿途多深山峡谷，使沁河水得不到很好的利用，加之天干地旱，人们只有通过祈雨来满足对水的需求。"商王祈雨"的传说就讲述了商王祈雨时要焚身赎罪，上天感知到就降雨将火浇灭，但是火却烧掉了商王的几根胡须，其妃子见到商王被烧，哭得把胭脂掉到了地上，因此在析城山就有了其他地方没有的胡须草和胭脂花。

　　当然在这一片土地上的传说有很多很多，这些神话传说生动形象地说明了沁河流域自然环境之恶劣。山多地少的地势特征使得人们可耕种的土地面积不足，水资源得不到充足的利用；"十年九旱"的气候条件、闭塞的交通条件阻碍了农业的发展、百姓的出行。这让人们的生活非常的艰苦。但是先人却用坚持不懈的行动和乐观向上的心态战胜灾难、感动了上天。

　　从这些传说可以看出，沁河流域历史之悠久，在很早的时候便孕育了早期的人类，在如今沁水县西部的一个小盆地，有一处著名的考古圣地——下川遗址。从遗址的发掘来看，早在距今大约2.3万年至1.6万年

间，下川这一带便有了人类的活动。下川位于历山东麓的一个狭长的小盆地，其地形决定了它是一个避风港，而且丰富的水资源和石料资源为当时的人类生活提供了保障。下川古人凭借自己的力量不断地与恶劣的自然环境斗争，并利用宽阔的地势条件尝试着栽培、收获农作物，使得生活水平不断提高，一步步走向原始农业时代。其中，沁河、丹河等河流对当地的人、动物、植物的生存和发展起着决定性的作用。当地的人知晓河流对于他们的重要性，随着人口的增多，人们沿沁河逆流北上，依山傍水，凿穴而居，逐渐形成了大大小小沿河而建的小聚落，这便是流域文明的源头。这些有考古学者们在上党地区的考古学发掘为依据，学者们在如今的长治市长子县发现了距今约2.5亿年以前的化石群，包括古树、脊椎动物化石，以及恐龙蛋化石等等，进而证明了沁河流域这一片地区有早期生命的孕育。在沁水流域下川盆地也发现了旧石器文化遗址，这与长子县的发现性质基本相同，沁水下川的旧石器遗址的保存比较完整，是很具有代表性的考古发掘，基于此，考古界将这些遗址统一称为下川文化遗址，并称这一文化现象为下川文化。在下川文化当中有一个美丽的传说——"舜耕历山"的故事。

舜是上古五帝之一，称作有虞氏。《史记》载："舜耕历山，渔雷泽，陶河滨，作什器于寿丘。"相传舜对虐待、迫害他的父母坚守孝道，故在青年时代即为人赞扬。过了10年，尧向四岳（四方诸侯之长）征询继任人选，四岳就推荐了舜。尧将两个女儿嫁给舜，以考察他的品行和能力。舜不但使二女与全家和睦相处，而且在各方面都表现出卓越的才干和高尚的人格力量，"舜耕历山，历山之人皆让畔；渔雷泽，雷泽之人皆让居"，只要是他劳作的地方，便兴起礼让的风尚；"陶河滨，河滨器皆不苦窳"，制作陶器，也能带动周围的人认真从事，精益求精，杜绝粗制滥造的现象。他到了哪里，人们都愿意追随，因而"一年而所居成聚（聚即村落），二年成邑，三年成都（四县为都）"。尧得知这些情况很高兴，赐予舜缔衣（细葛布衣）和琴、牛羊，还为他修筑了仓房，最终舜继尧之位成为上古五帝之一。而当年舜耕作的地方就在下川遗址所在地历山。一座座山峰，险峻、雄奇、秀丽，而更让人感动的是其所拥有的美丽传说。让人们在惊叹大自然神奇造化的同时，也为其所独有的神话、传说而感叹惊讶。

　　传说不但美丽，而且代表了这一方水土百姓的风气，虽然沁河流域的地理环境险要，再加上恶劣的气候条件阻碍了沁河流域地区的农业发展，但是在这茫茫大山里富含着丰富的自然资源，特别是丰富的矿产资源；大自然的眷顾和当地人们的智慧与勤劳，让他们善于发现大山里存在的优势，利用大自然的资源，创造幸福的生活。这里资源丰富，为当地的经济发展提供了物质基础。丰富的自然资源是人类生存繁衍的基础，加之沁河水的滋润，使得沁河流域成为人类生存的首选之地。

　　沁河流域经济的发展在很大程度上基于对矿产资源的发现、开采、使用和贸易。早在周代，煤出现在人们的视野中，人类的好奇促使其探究煤的作用，人们发现了煤的用处，至此，煤炭开始出现在人们的生活中。到春秋战国时期，战争连绵不断，战火纷纷，沁河流域丰富的煤铁资源得到开发利用，先民们开始使用露天煤冶铁，开始铸造兵器。在战国中叶以后，铁器逐渐推广，使得沁河流域的铸造业和冶炼业迅速发展。在之后的沁河流域的发展中，冶炼业和铸造业特别发达。其中泽州和阳城在山西整个制铁业中占有显著的地位，冶炼技术的发展，带动了当地经济的发展。

《阳城年鉴》中提到："阳城县僻处揶揄之所，生既无珍奇异宝足号天下，且地多高岩深谷，少平畴沃野以资播艺，即稼穑之利民犹难之。若其布帛财贿，兵客饮食所供，多仰于外来。"可见，阳城农业的发展非常艰苦，所幸阳城的煤炭资源十分丰富，促进了其经济的发展。在鲁迅和顾琅所著的《中国矿业志》中记载："山西铁矿以平定州盂县及自潞安州至泽州阳城者最著，其开采似始于二千五百年前，迄唐弥胜。"可见，阳城铁矿资源之丰富。阳城的铁矿的开采已有2500年的历史，并在唐朝的时候达到了顶峰。

泽州县素有"煤铁之乡"的美称，地下乌金遍布，是全国煤炭的主要产区之一。《泽州志》考证，远在战国时期，赵国多会选取泽州的煤炭来冶炼兵器。此外，泽州的铁矿资源也很丰富，丰富的煤铁资源促进了泽州冶炼业和铸造业的昌盛。泽州冶炼和铸造的历史已有两千多年，在战国时期，泽州就设有"乌政观"来执掌炼铁事宜。雄厚的矿产资源，使得泽州县的经济发展具有得天独厚的优越条件。

由于这里蕴藏的丰富矿产、潞绸等资源，为沁河流域经济的发展提供了可能，是沁河商人走出去的前提，使得沁河流域的物产为全国各地的人们所熟知。而明代实行的"开中制"，成为沁河经济发展的一个重要的契机。沁河流域的商人抓住这一时机，利用沁河流域丰富的铁矿、药材、潞绸等资源和地理位置优势，开始发展经济贸易，使得人们的生活愈益富足。

在沁河流域经济发展过程中，泽潞商帮在这一过程中起着特殊的作用。何为泽潞商帮？泽潞商帮是指存在于明清时期，起源地为山西省东南部，当时称为泽州（今山西省晋城地区）、潞州，以及潞安府（今山西省长治地区）一带，利用晋东南地区丰富的煤、铁等矿产资源，药材、潞绸等特产，并借助明代政府实施开中法（开中法制度是指商人把粮食等军

需、军饷物资运到边防重镇，政府用相应的盐引作为补偿，这个盐引是到盐场领盐并合法销售的凭证）的政策机遇和交通优势，逐渐成长起来的山西商帮。

明朝中期，"开中制"的政策解体，但它并没有让晋商落寞，泽潞商人利用已经积累的雄厚的资本、丰富的经验以及资源的优势及时进行转型，使得经营规模和范围日益扩大。明清时期，晋商的足迹遍布天下，沁河流域经济的发展，将沁河流域推向全国，让人们知晓这里，又进一步推动了沁河流域的发展。沁河流域丰富的自然资源和便利的交通，带动了当地经济的发展，到了明清时期，经济发展最为鼎盛，人们的生活富足，致使当地文风兴盛，这里的民众自古以来就注重耕读传家，以金榜题名、在朝为官为家族荣耀，人们开始注重子孙学问的培养。他们认为，读书、学知识、明理知事能更好地推进家族事业的传承和发展。因此，沁河流域地区有众多的历史人物，特别是明清时期，这一地区成为科甲连绵、名人辈出的宝地。

阳城"十凤齐鸣"的说法，我们早有耳闻，阳城县北留镇的郭峪村在

明成化年间到清康熙年间有功名和官职的就有93位；沁水县嘉峰镇的郭壁
村在明清两代也出了10位进士、2位举人、1位监察御史和2个通政使。尚
文之风渐渐地融入人们的生活中，民居院落中的雕花关乎仁义礼智，门楣
上的题字教人耕读传家。宋英宗治平四年（1067），北宋哲学家、教育家
程颢任晋城县令，推行"乡必有校"，建设乡学72所，社学数十所。沁河
流域名人辈出，如荀子、董仲舒、陈廷敬、赵树理等，这些名人贤士彪炳
青史，分别在政治、经济、文化等各个不同的领域做出了贡献，他们如耀
眼的明星，他们的言、行、文、事是沁河流域文化的结晶，使得沁河流域
的历史文化流光溢彩，影响着沁河流域的后代。

　　巍巍太岳山，悠悠沁河水，在科技发展的今天，古代不能被利用的水
资源，被有效地利用了起来，开始保护滋润着沁河流域的这一方水土，丰
富的水资源，将一片片干涸的土地浸湿，让希望的种子在这里发芽成长，
让这里的人民体会春种秋收的喜悦。农业的发展，让人们对美好生活充满
了希望；人们的辛勤与智慧，让农业成为致富之道。安泽、泽州和高平土
地肥沃，水资源充足，在这片土地上人们辛勤劳作，使其成为著名的农业

基地，当地的人民也发家致富，成为三晋文化之典范。

　　"文化"一词源于《周易》的《贲卦·象传》："小利有攸往，天文也；文明以止，人文也；观乎天文，以察时变；观乎人文，以化成天下。"到了汉代时期刘向在《说苑·指武篇》中提及"凡武之兴，谓不服也，文化不改，然后加诛"，首次将"文化"二字合在一起连用。文化发展至今，已经成为当今社会的一个特别重要的生活元素，同时也是社会学研究范畴的重中之重，它在社会生活的每个角落无不留下痕迹，同时也是构成人类生活的重要成分，在不断地重构和探索中一步步走向完善。"文化"是指人类所创造的物质财富和精神财富的总和及其创造过程，具有非遗传性和超个人性、复合性、象征性、继承性、时代性、民族性、世界性和阶级性。[1]人类社会生活的全部意义及存在价值都离不开文化。文化产生的前提和基础是当地的自然环境，在独特的自然环境下，孕育了与之相适的人文环境，这便是地域文化的由来。

---

[1]　卢元镇.体育社会学[M].北京：高等教育出版社，2010

　　沁河流域的山川资源、气候植被，美丽的沁河流域滋养着当地的百姓，滋生出沁河流域独特的地域文化，同时这样的地域文化是中华文化的重要组成部分，且与三晋文明一脉相承。沁河的文化研究主要体现在经济、文学、建筑、民俗、风情、行为、习惯等各个方面，散发着独具当地特色的地域文化魅力，也向世人展示着其所处历史独特地理条件下的优越性。而在文化大范畴中，扎根于大街小巷、日常人家的百姓文化，或称之为民俗文化，是最有地域特色的文化，也是值得雅俗共品味的地域特色文化。

　　民俗文化就是指依附地域百姓的习惯、情感、生活与信仰而产生的文化形式。对于社会而言，民俗文化是文化这一庞大体系中重要的一员，各个地方都有自己独特的民俗特征，它包括了当地人们的行为思维模式、宗教信仰、伦理道德、思维方式、风俗习惯、心理素质等等一系列的语言或身体的印记，随着时间的推移处在不断的变化和发展之中，也可以认为是自己的祖先祖祖辈辈流传下来的东西。在中华文明的历史上就有诸多记载人们生活场景或者生活作息的篇章，而现在理解的"民俗"一词最早被提及应该是在《礼记·缁衣》里提及的句子："故君民者，章好以示民俗"，所以为百姓服务的人，要将好的生活习性与方式，通过民俗习惯的方法来引导人民，如同风一般将美好习惯的种子洒遍人间。所以民俗的意义与"风俗""习俗""风"等基本相同，都是泛指民间文化、民俗现象。

　　受沁河以及周边地理环境的影响，沁河流域孕育了多元化的民俗文化。为抵抗掠夺和侵犯，通过建筑城墙和具有防御功能的村落、住所来保卫家园的古堡文化；农民为防止干旱而祈雨的汤帝文化；泽潞商人的诚信和其带动当地经济的发展并致力于建设家族所形成的关公文化；当地居民注重子孙学问的培养所形成的耕读文化等等，使得当地形成独有的文化气息与氛围。沁河流域不仅仅孕育着两岸的生灵，而且也孕育着几千年深厚的文化底蕴，铸造着当地人们崇尚文化的品质，并形成了独特的文化氛围。隐藏于深山中浓厚的文化气息，使得沁河流域独具魅力，也让现代的人们开始不断地探索、研究和感受这一方水土独特的民俗文化。

不论在什么时期或什么地域的人们，民俗文化与传统的沿袭有着密不可分的关系。"传统是人类进行创造性活动、劳动过程中的沿传，是人们为实现自身价值和满足自身需求所要获得的成果的凝聚结构。"[1] 就像人们经常说的人民是历史的创造者一样，人类在自我发展和提高的过程中都在不断地超越自我，不断去通过努力来满足自己对生活对社会的需求，都是人们在生活和生产过程中形成的一种不自觉的活动和行为意识，同时也产生于人们的日常生活当中，沿袭民间的活动的方式也兼具了世代相习的一种韵味在其中，通过有规律可循的方式从而达到制约人们意识和行为的文化流传形式，从而留下文明的印记为后人所感所知。

在沁河流域一带随着农耕及畜牧业的不断发展和完善，人民生活水平的不断提高，生活在这一带的人们有着自己独特的生活方式，深厚的文化

---

[1] 张立文.传统学引论.中国传统文化的多维反思.北京：中国人民大学出版社，1989：1—11

积淀除了给当地人们留下沉甸甸的历史记忆以外，还有鲜活的民俗活动和民俗印记夹杂在其中，使得历史文化在人们的心理和身体中留下深刻的记忆，民俗文化记录着当代的历史，并且融入人们生活的点点滴滴，生动而且具有活力。

"民俗是古镇历史和人们生活的重要组成部分，民俗之于历史，影射前人的信仰和认知；民俗之于生活，也是今人的精神和文化的寄托。"[1]在这里民俗文化的传播起到了承前启后的衔接作用，把历史遗产与现代社会的繁荣有机地结合在了一起，让人们在通晓古今文化的同时也潜移默化地影响着他们未来如何继续传承下去的理念，将历史照进了现实，在生活中的细节当中融入了历史的味道，通过身体性实践还原了历史的真相。

生活在这里的人们不仅安定和谐，而且还在这里通过自己的探索和实践产生了众多有历史纪念意义的饮食和文化活动。踏上这一片土地，我们似乎真的感受到了正一品光禄大夫陈廷敬的生活图景，体会着古人的饮食习俗、生活状态，使我们对这一方水土之古人有了新的理解，在这种场景下我们似乎像历史穿越剧一样，再次回到了"和子饭""八八大宴""阳城烧干"等的制作工艺流程中。古人的创意是今人永远都无法全方位企及的，所有这些令我们叹为观止的事物都能把我们的思绪拉回故事发生的那个久远的年代，可惜的是历史再也不能够重演，所以完全进入古人的生活世界也就在这里成为一种奢望，但我们与古人的心是相同的，我们能做的便是走在历史的印记当中，去体悟古人。

民俗文化的发展和继承是我们中华文明千百年来留存的历史的深刻的记忆，积淀着人类社会物质和精神层面智慧的结晶，代表整个中华民族持久永恒的不变信念，是一个民族持久性的生活、生产和创作的准则。在这里不仅仅有古老的民居建筑，也有古堡寨中应运而生的水井、碑房、街道、防御、亭台、楼阁、排水等等，都让我们浮想联翩。在这里不仅仅

---

[1] 张俊磊，于丽萍.润城古镇.山西古村镇系列丛书.北京：中国建筑工业出版社，2011：13—16

记载了实体的文化内涵，更反应和记载了一个时期一个民族的思想文化精髓，通过文字的方式也好，通过古寨古堡的留存也罢，都成为一个历史时期文化见证的标杆，构成了一个民族的意识形态和精神实质。这些民俗文化都以自己特有的方式和民族文化融为一体，从不同程度上影响着、制约着、撼动着本民族的文化文明发展，斗转星移，历经沧桑仍旧熠熠生辉，虽随着时代发生变化，但更以它独特的方式成为民俗精神的精髓，从不同的角度诠释了民俗的内涵。

　　在沁河流域生活的人们的日常生活少不了从身体上表现出的记忆，这些记忆主要贮存在了祭祀活动、民间红火、儿童游戏，以及百姓日常生活当中，是中国古人根据当地的地理、气候特征、现有生活条件与当地民众身体性格特点等，将运动的方式以游戏、祭祀、红火等手段融入日常生活之中，起到教育、改变民风、团结民众、锻炼身体等功能，是当地居民生活的重要一环。我们认为，以身体为记忆载体的文化是打上历史烙印的，是不易忘却的。

　　《体育科学大辞典》将民俗体育界定为"在民间民俗文化以及民间生

活方式中流传的体育形式，是顺应和满足人们多种需要而产生和发展起来
的文化形态"。在这里关于民俗体育的概念更多的是把民俗体育和生产实
践联系在了一起，本书中更加倾向于民俗体育的另一个解释，"民俗体育
是由一定的民众在特定的时间和空间所创造，为一定民众所传承和使用，
并融入和依附于民众日常生活习惯之中的一种集体性、模式化，具有类型
性、继承性、传布性和非官方、非正式特征的体育活动事象与活动"[1]。
通过这一概念的解释我们不难发现，在我国民族文化传承与发展的今天，
民俗体育文化的发展几乎都与人类的生活活动有着密不可分的关系，其间
都伴随着五千年的文明发展至今，民俗体育强调的更多的是人们关于身体
力行方面的内容，离不开当地人民大众的支持和继承，都是在风俗习惯中
人们不自觉形成的一种雅俗共赏和老少皆宜的身体活动。

　　体育民俗学是民俗学和体育学科交叉研究的新尝试，它的建立具有重

---

[1]　王铁新，常乃军 我国民俗体育研究综述[J].体育文化导刊.北京 2009.10

要的学科意义和现实意义。体育民俗学将体育与民俗相互交融，以民俗体育史实为客观依据，以民俗学为基础理论，以民俗体育为主要研究对象，挖掘体育的民俗精神，丰富体育和民俗学的科学内涵。[1]不同的学者虽然对民俗体育都有自己不同程度的认识，但是无论怎么样都离不开民俗学和体育学在中间的桥梁作用，它主要源于人们的日常生活活动，通过一种有规律、有组织的形式来达到人们对生活娱乐、健康、防身等的需求，并更好地去传达他们的意愿和感情，久而久之人们的行为和意识在这一过程中也得到感化。

由于沁河流域一带人们在其独特的生活环境下，产生出了独特的生活方式，所以生活在这里的人们兼具晋南人的勤俭节约、崇尚礼仪的优良传统，又具备了晋北人民豪爽热情、习武尚勇的性格特征，他们在发展的过程中由于生活和生产的时代背景的不同，应运而生地形成了形式多样、丰富多彩的具有地方特色的沁河民俗体育文化内容，并代代相传延绵发展至今。在这一地区比较有特色的民俗体育项目有：被晋城市政府公布为市第一批非物质文化遗产的二鬼摔跤；集中在泽州、高平、沁水、沁源、阳城等地区的旱船小车舞表演；在沁河流域分布较广的跑竹马，很多地区在农历正月十五元宵节、古庙会或其他节日庆典总免不了要跑上一段竹马来活跃气氛；在沁水县嘉峰地区已有数百年历史的扛桩；流传于沁水县城周边地区的花棍舞；在全晋城市都有分布的舞龙灯——沁水霍家山龙灯是晋城市颇具特色的舞龙项目，该项目已列入晋城市非物质文化遗产项目。

沁河民俗项目的流传可谓各有千秋：锣鼓、踩高跷、舞狮、秋千、踏青游春、长跑赛、象棋赛、拔河串院子、上党梆子、打花棍、扑蝶会、跑灯、龙灯、抬花轿、推小车、扛桩、牛拉桩、赛牛会、跑驴、竹马、二鬼摔跤、太极拳、太极剑、洪洞通背拳、洪拳、鞭杆、形意拳、八卦掌、少林拳、圪栏棒、武打表演、花棍舞、跑旱船（有许多的门类诸如彩船、采

---

[1] 柯林，邵荣.体育民俗学初探[J].体育与科学，2006，27（3）：25—28

莲船、划彩船、打船）。此外还有一些非常接近人们日常生活的项目：藏老母、挤暖暖、斗鸡、骑马打仗、跳房子、坐轿、斗蛐蛐、跑强盗等等诸如此类的项目举不胜举。

沁河流域民俗体育文化是我国华夏文明民俗体育的重要组成部分，同样更是世界文明演进多样化中民俗文化的一部分。民族的就是世界的，保护沁河流域民俗体育文化的多样性就是保护华夏甚至世界民族文化多样性的历史重任。

民俗体育的最大特点就是区域性和民俗性。风俗习惯的不同，民俗体育的特点和形式也必然会有差异。所以，民俗体育必定是由一地方的民众所创造，为一地方的民众所传承和享用。其次，民俗体育是非官方性质的，它是一种原生态文化，它既可能与主流文化相契合，也可能相左。再有民俗体育的传承形式更多的是口头的、物质的、风俗的或行为的等非正式形式，它依附和融入民众的日常生活和风俗习惯之中。

沁河流域的民俗体育文化都离不开人们以身体的形式去传承、去表达、去传递。沁河流域的历史文化悠久精深，源远流长，包含了这一带人们无穷的智慧和优秀文化积淀，记载了先辈们的辉煌业绩和丰硕的历史文化内涵，每一项民俗活动的开展都能够调动人们的积极性。民俗体育有它自己的特殊性，即使一些经久失传的事物或者项目经过细致的整理和挖掘也同样能够重新焕发出新的活力，同样在人们的日常生活中得到人民大众的共鸣，因此作为体育人，我们有责任对这些传统的民俗体育项目进行挖掘、整理、传播，这些流传已久的、带有传统身体记忆的民俗符号理应得到人们的重视。"过去的存在"也必然承载着我们今天仍需要和理解的体育文化素养，不仅仅是身体上的，更应该是精神和灵魂上的东西，如何将民俗的东西发扬光大，使民族的精神得到弘扬是摆在我们面前最刻不容缓的历史使命。

二、节日欢愉　跃动喜悦

　　站在沁河沿岸，思考着这一方水土之民俗体育文化，不禁回到了儿时。儿时节日的欢愉声不绝于耳，虽早已别离了童年时光，但那声声"新年到，新年到，穿新衣，戴新帽，全家团圆乐滔滔，舞狮子，踩高跷，庙会上面好热闹"的童谣韵律，将思绪再次带回了那时……还记得那些欢闹、喜庆的传统节日带给我们的欢乐吗？春节、元宵节、二月二龙头节、清明节、寒食节、端午节、中秋节、重阳节以及二月二、三月十八、四月八、九月九等各地的古庙会。它们各具独特的庆祝方式，大家载歌载舞欢庆节日，表达心中的喜悦之情。犹记得，在这些节日中，最有趣、最生动的便是那些传统的民俗活动：抬花轿、推小车、扛桩、牛拉桩、锣鼓、踩高跷、舞狮、秋千、踏青、拔河、串院子、花棍舞、扑蝶、龙灯、九莲灯、赛牛会、跑驴、竹马、旱船、二鬼摔跤……或锣鼓喧天，或起舞嬉戏，各式各样，却同为儿时的我们带来了节日的欢庆喜悦。现在想来，那些节日里的传统活动恰是父老乡亲在百忙之余进行娱乐的主要方式，也是人们渴望欢闹喜庆的心理和观赏取乐的感情寄托。

　　每值新春年节，最开心的事情莫过于穿新衣、吃饺子、放花炮、收压岁钱，之后还有一件事就是正月十五"闹红火"。儿时闹红火的记忆中总少不了甜蜜的甘蔗、大团的棉花糖、雪白儿的汤圆，还有就是那一个个热闹的队伍。那些热闹场景如同电影画面般在脑海中频频闪现，生动的表演一场接一场，难以忘怀。犹记那时，年节闹红火的民俗活动丰富多彩，诸如，大年初一的串院子，元宵节的龙灯、秧歌、舞狮子、锣鼓等。场面煞是热闹，元宵佳节前夕，热热闹闹"要社火"。社火包含的民俗表演繁多，有惊险雄健的高跷、跌宕激情的二鬼摔跤、穿梭摇摆的旱船、轻快灵活的竹马、火爆刺激的牛拉桩、欢乐喜庆的抬花轿、追逐嬉戏的跑驴、前呼后拥的推小车等等。在地方独特声乐的伴奏下，翩翩起舞，人们总还要"浓妆艳抹"一把，组织大家伙热热闹闹地"闹一场"。不论白天还是晚上，一整天都是火爆的场面，锣鼓喧天，人群络绎不绝。其间还穿插有秧歌、花鼓、要龙灯、舞狮子等。男女老幼即兴装扮起来玩要，整个队伍绕着村镇街巷巡回表演，煞是好看、热闹。二月二"龙头节"，也就是乡间邻里通常所说的"龙抬头"。这一天也是热闹非凡，很多地方要组织庙会，扛桩、牛拉桩、舞龙舞狮、锣鼓、秧歌等传统民俗表演也要纷纷亮相。这些民俗表演多带有祭祀祈福之意，人们在欢闹之余也表达自己的美好愿望，祈祷来年风调雨顺、终获丰收。寒食节、清明节往往连在一起，在传统的观念中，清明节倍受重视，因为这个节日既有缅怀逝者、祭奠先祖之情，又有踏青游玩、扑蝶之嬉。这一日的传统活动也颇为丰富，寒食、清明前后，正是"春风不热不寒天"。人们借着节日的机会，走出家门，郊游野炊，饱赏大好春光。期间还须参与那些有益身心的传统活动，踏青、拔河、放风筝、扑蝶、荡秋千，乐此不疲。时至今日，这些活动又有很多衍生项目，如古时的踏青春游演变为现在的农家乐、乡村游。为增加趣味性，拔河衍生出水中拔河、沙滩拔河等多种喜闻乐见、因地制宜的群体项目。时光流逝，时代变迁，这些伴随我们成长的节日传统活动，循着一路走来的足迹也同样变得更加丰富多彩，但它们独特的韵味始终未变，节日中觅其身影，回想它们带来的欢乐总是那样无可代替。

沉浸儿时回忆，众多优秀的传统节日都拥有自身独特的民俗活动符号。抬花轿、推小车、扛桩、牛拉桩、锣鼓、踩高跷、舞狮、秋千、踏青、拔河、串院子、花棍舞、扑蝶、龙灯、九莲灯、赛牛会、跑驴、竹马、旱船、二鬼摔跤……我们都曾接受这些传统活动慷慨相呈的欢乐和记忆，这些身负独特沁河文化色彩的民间民俗体育活动曾经带给我们的欢声笑语犹在耳畔。悉闻它们源于民间，流传于民间，每项活动都有各自的独特文化和艺术。但它们来源何时，现处何地？昔时何情，今日何貌？我们又有几多了解……每一项活动丰富而神秘的传统文化密码，等待着我们共同解读。

1. 实车名船：旱船小车

旱船小车舞，也常被称作"跑旱船""无底景""采莲船"等。传统的跑旱船一般由两人表演：一人扮渔夫，一人扮渔妇。船用竹、木扎框，

外饰以艳丽绸布，套系在女舞者的腰间如坐船状。也有的在船面布置假腿，与表演者的肢体动作相配合，就好像人真的盘坐船上。另一人手持船桨作划船状。两人合舞，模拟船行水面的种种动作，边歌边舞，有时表演者相互追逐嬉戏，表演生动有趣。

　　跑旱船在全国各地民间有着悠久的历史和传说，说法不一：有说"旱船"表演起源于渔民劳动，"旱船"表演原本是为纪念伟大爱国诗人屈原而传下来；再有说"跑旱船"是古时歌颂禹王治水而流传下来，传说洪水肆虐国中，尧命禹治水，大力制造船筏，救灾救民。洪水退后，船筏便搁在陆地上，农民每于耕作之暇，在空场上推船玩耍，最终演变成一种民间舞蹈表演，命名为旱船；也有传言说与蔡状元监修某座桥的传说有关。相传蔡状元领工修造某大桥时，由于资金缺乏，自己贫穷，心里焦愁不安。观世音菩萨路过桥梁工地，见蔡状元领工修桥，方便大众，乃善举一桩，便助他一臂之力，建造了很多船只，被后人歌颂，每值当地节日便有旱船表演来歌颂此事，后来遂演变成"跑旱船"。当然，这些都是流传于民间的传说故事，今多无确切考证。如今，跑旱船在全国很多地区都有分布，已知在山西、山东、河南、河北、安徽、贵州等地区都较常见。

旱船的演出一般是单船（一人坐一船），演员有一个坐船女、一个撑船老汉，也有数人撑船的。旱船舞演出的主要形式有：跑场、摆布局、亮把式。模仿船在水中行驶的基本动作有：拔船锚、开船、划水、波浪行、卧船、翻身、跨船、下篙等。坐船女的基本动作有：跑步、碎台步、蹲步、搓步、慢步等。坐船女的表演需要有较高的艺术手段，既要和撑船人密切配合，又表演女子的各种修饰动作，而且还要操纵船身，模仿船在水中行驶的各种形态。旱船舞在比较固定的场地演出时，往往还要根据扮演的戏目，像唱戏一般进行演唱。

"旱船"表演在沁河流域分布比较广，很多县镇乡村都有它的身影，大致集中在泽州、高平、沁水、沁源、阳城等地区。表演时多在庙会或者元宵节、端午节等传统节日中出现，表演内容生动有趣，深受当地群众的喜爱。表演时用竹子或木条扎成船架或小推车形状，围以布料，施以彩绘，船身或车上满扎绸花，悬挂小镜、儿童玩具、小旗和灯笼。船中有一人驾船身或车架，另有一"艄公"或小丑作划船或推车状，二人配合默契。船头时仰时俯，车身左摇右晃，绕城行进，穿插有序[1]。

它的具体组织方式和作用道具在沁河地区有自己的一套程序和讲究，表演开始后，从场线、队列、舞步表演上分，有蛇蜕皮、双进门、九道湾等。从音乐演奏上分有节节高、小桃红、老开门、元元红等。表演内容有李逵摸鱼、蝴蝶杯、水泊梁山、许仙借伞、水漫金山、过江杀督、赤壁游湖等。在"八音乐器"的打乐伴奏声中，跑着小碎步行进，在口哨的信号下变换着各种队形。尾船比较重要，需要"好把式"来表演。看上去像是在风平浪静的水面上行驶的花船，又好似陆地上永不沉没的轻舟。

当地在制作上也很有考究，一般的旱船，长2.1米~2.6米，宽1米，一

---

[1] 王守信，杜秋炉.泽州百科[M].新华出版社，2000

人或两人跑船。当然，不同地区区域间关于旱船舞的组织方式、技术、用具等多不相同，就著名的"殷庄旱船"来说，它就拥有当地的旱船特色，旱船较大，长度一般为3米，宽度在1.3米以上。船身用条木做成，前低后高，尾后用白布带编制成胡椒眼状，船帮用白纱布缀边，并置垂花六朵，下设掩布四层，分别为黑、白、红、黄四色，船舱留二至八人"乘坐"空子，空子前船上摆放用谷草装饰成的腿脚。表演者根据剧中人物角色脸谱化妆，穿戴上古装或现代服饰，从空处钻出上半身，用搭在身上的带子把船跨到腰部。旱船舞在晋城市同样有着不同的表演方式和讲究，但大致的表演形式和寓意倒是差别不大，总能给人带来生动活泼的趣味感受。

旱船表演在当地整个的民俗文化环境中拥有着独特的地位和作用。一方面，沁河流域的旱船表演发展至今已有二百多年的历史，每年正月十五民间社火或者各地古庙会都少不了它的身影。它的表演形如流水，飘洒自如，场面波澜壮阔，频频起伏，深受人们的喜爱。旱船的制作和表演形式，充分展示了当地农民在丰收和致富以后的喜悦心情以及对美好生活的向往。目前，阳城县文化馆申报的"跑旱船"已于2008年10月9日列入了晋城市第二批非物质文化遗产项目，并于2009年4月24日列入了山西省第二批非物质文化遗产项目。另一方面，跑旱船需要表演者肩部扛配合手提着竹制或木质的道具，要求活动者有较强的四肢力量，尤其对肩部肌群、大小臂肌群和腕部肌群的肌肉力量要求较高，同时也需要强大的腿部力量支撑，躯干核心力量保持整个身体的平衡。另外，一场旱船表演通常绕表演场地不停跑动，要维持较长时间，这就需要活动者还必须有足够的耐力和体力，如此才能完成一场完美的表演。

旱船舞有着十分丰富的内涵，它充分显示着农民群众的聪明才智，抒发着乡村百姓的情感生活和精神风貌。其参与者多为山西乡镇山村的百姓或者农民艺术家，节日时他们表演节目，平日正常生活。多年来，"殷庄旱船"代表多次赴县城参加元宵节展演，受到政府和社会各界人士的好评，连年得奖。由沁水县文化馆申报的"殷庄旱船"已于2008年10月9日列入晋城市第二批非物质文化遗产项目。旱船小车舞这项民间传统文化艺术，在晋城泽州已有数百年的历史，20世纪七八十年代发展到鼎盛时期，出现了一大批跑旱船的"老把式"民间艺人。这些民间艺人的表演以及技艺传承乃至如今的非物质文化遗产录入都有效地促进了旱船小车舞的发展和传承。

2.青梅竹马：竹马

竹马，是一种汉族传统体育活动形式，至今已有六百年以上的历史，又称竹马戏、竹马舞、裤马等。在全国多地皆有分布，如较为著名的浙江淳安的"竹马"、江苏邳州民间竹马舞、北京延庆南关村的"竹马"、福建漳浦竹马戏、武宣县的竹马舞等。但最盛行之处莫过于山西的部分农村、城镇。每年的农历正月十五元宵节，山西各地都有闹"红火"活动，竹马便是在这时活动于广场或街头巷尾。

"竹马"最早起迹于新石器时期到西汉期间的北方少数民族。它在东汉时期也曾发展成为孩童的一项体育游戏，作为中国特色的传统民俗项目，在它的发展过程中更是融入浓厚的政治色彩和人情内容。唐代以后，竹马活动正式被诗词记录，本身也开始进入了一个新的发展时期。关于"竹马"，唐代大诗人李白在著名诗篇《长干行》中有对竹马的描述，诗云："妾发初覆额，折花门前剧。郎骑竹马来，绕床弄青梅。"这也是"青梅竹马"这一成语的出处，全诗倾吐一位妙龄的少妇，对"远行"丈夫思念与期待的恩爱情义。她发誓在得到丈夫归来的家书后，一定从家住的"行千里"（今江苏南京市秦淮河南），跑到七百里外的"长风沙"（今安徽安庆市）去迎接他。而两人这种深情厚爱，又源自于"发初覆额"时的"骑竹马""弄青梅"等一系列的儿童游戏。虽然"青梅竹马"成语起于唐，但唐代并非"竹马"民俗活动的起源。

《后汉书》对"竹马"一词有着最早的记载，具体地说是出自于该书的《郭伋传》。《郭伋传》中提到：郭伋，陕西扶风茂陵人，字细侯，拥有安邦治国之才能，一心一意替百姓办实事，是一位深得民众爱戴的官吏。记载显示：数百童儿"辑骑竹马"迎拜郭使君，也就是在如今内蒙古自治区准格尔旗北部。内蒙古少数民族人民素以善骑著称，马不仅是他们的主要交通工具，也是战争的重要元素和象征符号。他们的孩童效仿成人，以竹代马，驾之奔跑、嬉戏。"骑马"在孩子跟里，是一种荣耀、一种仰慕，进而模仿，也就产生了"骑竹马"，遂成风俗。

自唐朝开始，开启了"竹马"民俗的新纪元，"竹马"开始进入戏剧。大唐太宗皇帝就此事这样说过："土城竹马，儿童乐也。金翠纨绮，妇人乐也。贸迁有无，商贾乐也。高官厚秩，士夫乐也。战前无敌，将帅乐也。四海宁一，帝王乐也。"其中儿童之乐的"竹马"，乃出自于大唐太宗皇帝之御言。此外，李白、白居易、刘商、路德延、杜牧、李贺等一大批优秀诗人分别在自己的诸多作品中对"竹马"这一民俗进行了形象的描述。李贺《唐儿歌》中描述竹马写道："竹马梢梢摇绿尾，银鸾睒光踏半臂。"从中我们分析出两点史实：一是"竹马"不仅在民间，即使贵族中同样盛行；二是此时的"竹马"之中的"马"，用的是带绿叶的青竹竿。由此可见，"竹马"民俗在唐代时期的鼎盛状态。

竹马表演在沁河流域一带有着丰富的文化内涵。首先，它与祭祀活动有着万千联系，竹制的马、羊等在很多地方都被用来祭奠天地或先祖。例如泽州马腰村的跑竹马被当地人们认为是祛凶化吉，能够祛除灾祸，降临福祉，带来终年好运。而且"竹马"也富含政治、情感色彩，很多地方劳动节、建军节、建党节、春节等节日在一些特定场合演跑场竹马，一方面是庆祝节日，另一方面则是寓意生活美好。其次，跑竹马过程中，表演者需要架着竹制的竹马驰骋跳跃，踏着马群舞步不断跑动，需要掌握肢体平衡，做出一些特定的技术动作。按照跑竹马的动作特点和道具使用等方面分析，跑竹马需要充足的手臂和腿部的四肢力量，控制平衡也需要身体核心力量的参与，整个过程则需要充足的耐力和体力。在节日前，往往很多非专业的普通群众会进行排练，这个过程能够对活动参与者带来良好的身体锻炼，增强体质，促进身心健康。而表演中他们能够带给观众一场视听盛宴，活跃的气氛、生动有趣的表演，总能给人们带来愉悦和美的享受，自身也乐在其中，增进彼此间的交流。

跑竹马这项汉族民间民俗艺术在沁河流域分布广泛，形式不拘一格，融入地方特色和时代色彩的沁河竹马充分显示着当地群众的聪明才智和创新理念，抒发着乡村百姓的情感生活和精神风貌，展示着汉族传统艺术的乡土特色和天然魅力。沁河一带在农历正月十五元宵节、古庙会或其他节日庆典总免不了要跑上一段竹马来活跃气氛。各地参加跑竹马表演的人数不等，活动形式也有一定程度的不同。

沁县的跑竹马。是由四名女童骑马，四名男童备在手里持云板灯两块配合跑竹马表演。在跑竹马的行列中增加一个倒骑驴的"县官"。这名县官可以在队伍的前后、左右来回自由地跑动。在跑动中，还作马尥蹶子踢人的动作，以增加跑竹马的趣味性。

永济市的"火竹马"是在迎神仪式之后表演，由马柱、马童、骑士各八人组成。马柱代表壮士。跑马时，有速度快的快跑马、有速度相对较慢的碎步跑马、慢步遛马、勒马等多种舞步。表演进入高潮时，八位马柱走进场子中央蹲成一个小圆圈，八名马童用一个虎跳站在马柱的肩膀上，马柱直立，马童一腿旁踢成个"朝天蹬"，脚掌上放置一个火花筒，一手扶腿，一手高举另一只火花筒，点燃后，竹马、马柱由慢渐快地在场内来回穿梭，场面很是火爆刺激。

泽州马腰村一带的跑竹马是很有特色、很有名气的。当地有专门的竹马表演队伍，虽不是职业表演者，但他们在每年正月初二就要开始准备、操练、演习，当地群众和政府对此都十分关心和支持。每逢元宵节或庙会，耍广场、跑竹马，都要表演三至五天，吸引十里八乡的父老乡亲前来观看欣赏，看过表演后人人赞不绝口。当地村户人家还都要争着让竹马到自家院内跑上几圈，以祛除灾祸，降临福祉。竹马每到一户人家大门口，全家都要出来放鞭炮迎接，表演结束后，还要拿出花生、红枣、白馍、香烟等，慰问演出人员。据说，这样可以逢凶化吉，护佑终年平安。

竹马表演形式各异，道具角色也有所区别。跑竹马的角色，少则十个八个，多则十四、十六个，有的地方已发展到了二十多个，但一般为双数。其中引马、赶马、头马，二马（项马）、中马（腰马）、尾马比较重要，各有角色要求，各具鲜明特色，需要"好把式"来表演。引马的从肩到胯，斜挎一个大串铃，头戴英雄帽，手执大长鞭，起着指挥、引导群马的首领作用。鞭杆是硬质灌木做成的，用红漆油漆，两头有花边图案，很是精制好看。长鞭是用牛皮条扭结编制的，后粗前细，梢端续着用丝做成的鞭穗，还挽着红绸缎条子，很有神韵。引马人在群马表演的节奏间和关键处，不时地甩着长鞭，"叭、叭、叭"，震得山水哗哗响。赶马的需要一个灵活精干、富有幽默感的表演者，他在跑碎步、甩响鞭的同时，还时不时地做一些滑稽动作，逗得观看者前仰后合，笑个不停，大大增添了表演效果。

竹马在制作上有独自的一套程序。马首、马臀脚是用荆条编织的，再用棉纸糊裱，油漆漆过，用颜料画上眼睛、鼻子和嘴巴，其形状神态惟妙惟肖，十分漂亮。马尾是用丝麻做的，染成黑色，装在马臀上，就像真的一样。马腰部分是用木料做成的挎架，用绳带拴套在表演者的肩上，挎架与腰齐。马臀连在挎架后部，马首墩在挎架前部，表演者用手提着。表演者根据剧中人物角色脸谱化妆，穿戴上古装或现代化服饰，跨马执鞭，跑竹马的整套造型就算现成了。

在当地，从20世纪50年代起，老一代跑竹马的"老把式"们虽然已经先后作古，但他们把精湛的技艺无私地传授给了后人。竹马表演的三、四代人积极自觉地担负起了传承、发展汉族传统文化的历史重任。一支支全民上阵的群众表演队伍已经形成，一批新的民间艺术的表演艺人也正在涌现，跑竹马这项民间艺术也算是后继有人，兴旺发达。另外，"跑竹马"的参与者早已不仅仅局限于孩童，很多当地市民、百姓或者农民艺术家得以传承技艺，节日时他们表演节目，平日正常生活。数十年来，各地的竹马表演队伍逐渐发展起来，每年都应邀赴各地演出，获得地方政府和各界人士的普遍赞扬。

3. 以一而二：二鬼摔跤

二鬼摔跤是一种民间民俗艺术表现形式。表演者头戴大头面具，背上背两个恶赖撕打的假人道具，通过滚、爬、摸、打等动作，使背上"二鬼"相互摔跌，逗人喜乐。这项活动一般在农历七月十五、清明节、农历十月初一古庙会等节日出现。演出地点主要有广场、戏台、街头等。在不断地演进与发展过程中早已广布全国各地，河南、山西、山东、河北等地二鬼摔跤分布较广，发展较好。现已被河南、山西等多地政府列为非物质文化遗产。

二鬼摔跤流传至今已有六百多年的历史，是风行农村的一种民间文艺形式。据传，它与蒙古族摔跤比赛有一定的渊源，具体是由传统民间道具体育舞蹈和传统的体育竞技"乔相扑"演变而来的。乔乃假意也，假扮二人相扑是进攻散打之意。"乔相扑"即乔装打扮，意为两个假人横竖互不相让，相互进攻摔打。它属单人表演节目。所谓"二鬼"，传说其一有祭鬼神之意；其二是取奇特与惊险之感；其三是鬼很机灵，取其机灵之形。

也有传说称"二鬼摔跤"表演是清朝后期由临淄敬仲扬官村的农民创造的一种傀儡表演形式，后来传到辛店的矮槐树村和雪宫的西高村，距今已有二百多年的历史，但这种说法缺乏确切的依据，故不做介绍。

二鬼摔跤的表现形式类似木偶，表演时，表演者背驮二鬼摔跤道具。二鬼摔跤道具有两个鬼头，互相对视，有两对搭肩假手，还有两个假腿，道具"身子"上盖着掩饰性的服饰。表演者在表演时，双手各握一个假腿作为"一鬼"的腿，表演者的双腿作为"二鬼"的腿，通过表演者腿、背、臂的活动和综合利用戏剧、杂技、武术的推、踢、翻、滚、旋等动作的表现，给观众以两鬼打斗摔跤的喜剧效果。

表演时分三个场合，分别是平地、凳子、桌面。共分四段，第一段，地上摔跤，操作者运用推、踢、抱、压等动作表现二鬼抱着摔，你推我踢，互相压倒对方的摔跤场面。第二段，凳上摔跤，二鬼从地上摔至凳上，操作者运用蹦、跳、蹿、探海等动作，表现二鬼争凳、蹿凳、上凳以及你退我进，我进你退，互不相让，互不示弱的激烈摔跤气氛。第三段，桌上摔跤，二鬼由凳上摔到桌上，层层上桌、下桌，操作者运用翻、滚、旋、扫等动作，表现二鬼桌上摔跤的进退攻守，推、摔到桌沿，压倒翻滚，抱起旋转等惊险场面。第四段，二鬼由桌上摔到桌下。操作者运用快速推、踢、抱、翻、滚、旋等动作，把二鬼摔跤推向高潮。最后，表演者掀开二鬼道具给观众亮相，谜底揭开，很多观众会惊讶得张大嘴巴，从而显示出这种民间舞蹈的艺术效果和表演者的高超技艺。

伴奏乐器主要采用打击乐，乐队通常由4人组成，每人持一件乐器，即鼓、钹、大锣、二锣。使用的锣鼓有哑锣、长锣等，点子简单，变化不大，对舞蹈起渲染烘托作用，其节奏根据表演者的动作快慢和舞台大小而定。

二鬼摔跤不仅是一项艺术盛宴，更是一种民间传统道具表演艺术。一般来说，鬼头是用泥或纸脱塑后与骨架以胶粘合而成，面部色彩较为夸张，对比较为明显，面目可谓狰狞。额头之上长有角，血盆大嘴之中伸出两颗獠牙，三只眼睛，眉毛很长。两鬼的上肢取材质地坚硬的木头，一般分为底座木、立木、横木、肩木和脖木等，按照适当尺度进行连接，要在演出时，既能保证两鬼上肢的挺拔，又要保持在翻滚过程中两鬼上肢不会零散。两鬼的上肢要绑成两臂相扭，相互搏斗之状，在演出过程中不能分开，另外还要制作一双假足。在表演时，给假人穿上古装长衫，装扮散乱头发，彩绘出鬼脸。演员穿上道具服装（主要是给两鬼穿戴的服饰），道具必须牢牢地捆绑在演员背上，演员的双腿作为一鬼的双腿，演员的双手带上做好的假足作为另外一鬼的双腿，演员以双臂双脚模拟二鬼摔跤的动作，表演滑稽可爱，形象逼真。其表演技巧综合了戏剧、杂技、武术等表演艺术的表现方式，主要分为抢、转、滚、翻、摔、扫、踢、挡、下绊、托举等，可以在表演过程中随意变换摔跤的动作，互相扭摔，并做出许多滑稽、幽默而逼真的摔跤动作，获得新奇的效果。20世纪80年代将"二鬼"形象的道具改为青年小伙子，头戴着瓜瓣礼帽扮相，美观雅致，一点没有恐惧感。表演中有锣鼓伴奏，气氛非常激烈，围观人群不时发出喝彩之声。二鬼摔跤在我国传统文化之林被誉为"国之瑰宝"，如此之高的赞誉也证明了它自身的多重文化价值。

二鬼摔跤是一种稀有的民间民俗文化，其表演诙谐幽默，通俗易懂，逗人喜乐，高超的技艺和浓厚的表演氛围承载着古时今代民众的欢乐与智慧。在表演过程中需要精湛的技术、技巧，包括抢、转、滚、翻、摔、扫、踢、挡、下绊、托举等摔跤技巧动作，演到激烈时还要运用快速推、踢、抱、翻、滚、旋等动作，把二鬼摔跤推向高潮。这对表演者的各方面身体素质有着极高的要求，包括强大的四肢力量做出各种高难度的肢体表演，稳定的躯干核心力量维持同时操作两个角色的平衡，还需要敏锐的反应力和灵敏素质。表演者在表演和训练过程中还需要出色的耐力、精神意志以及不畏艰苦的心理素质，如此才能将这项优秀的民俗表演演绎得淋漓尽致。当观众聚在一起，为他们精湛的技艺欢呼、喝彩，不仅获得自己身心的愉悦，也是对表演者的一种肯定和赞扬。这样的氛围无疑会促进人们之间的和谐与交流，因此，这些优秀的民俗项目不仅是一场表演，更体现出对民众的一种凝聚和精神的升华。

二鬼摔跤的传承，主要以祖传和师传两种形式，但因项目自身技术特点、传承方式及生存环境改变等各原因，此民间舞蹈面临失传。这项民俗文化的继承者也越来越少，拥有精湛技艺的老一辈苦于难觅传人，以至青黄不接。为保护、传承这一弥足珍贵的民间舞蹈，各地都在积极制定措施来保护该项目的发展传承。不仅在沁河流域，在山东、河南、河北等地都有相关组织在对二鬼摔跤这项优秀的民俗文化进行保护，如2008年夏邑县文化部门制订了五年计划，将进一步对民舞老艺人进行普查，更进一步摸清二鬼摔跤的流传过程。同时，在未来5年中，夏邑县文化部门将促进二鬼摔跤与其他民间舞蹈的融合，以达到繁荣民间舞蹈的目的。各地的保护途径和方法各不相同，但目的都是要保留这项民俗精华，让子孙后代也能有机会了解这些优秀的中国民俗文化。

4. 荡去烦忧：秋千

荡秋千是中华大地上很多民族共有的游艺竞技项目。[1]起源于远古时代，人们为了获得高处的食物，在攀登中创造的秋千活动。唐代以后更是盛行于大江南北，盛况空前。民俗相传，荡秋千可以祛除百病，而且荡得越高，象征生活过得越美好。此习俗多集中在两个节日中，一个是元宵节，另一个是清明节（寒食节）。在整个华夏大地皆有分布，无论少数民族同胞还是汉族民众都存有荡秋千的

---

[1] 方川，秋千的起源与流变[J].寻根，2003：90—93

习俗。

　　据考证，秋千最早起源于春秋时代晚期。在古代，秋千被称为"磨秋"，云南地区的考古发现，一件被测定为春秋时代晚期（前500—前476）的铜鼓上有"磨秋"的纹饰。这证明早在春秋时期，云南的濮人（当时云南地区的族群）已流行"磨秋"游戏，以致把其刻在贵重的铜鼓上。相传由春秋齐桓公从北方山戎引入。据隋《古今艺术图》载："秋千，本北方山戎之戏，以习轻趫者。"[1]唐代欧阳询在《艺文类聚》也称："北方山戎，寒食日用秋千为戏。"[2]"山戎"，又称"北戎"，是匈奴的一支，山戎一族在战国末期已经消失。但是荡秋千游戏起源于山戎，更多是一种猜测，尚没有严格意义上的佐证。伴随着朝代的更替、时间的发展，秋千的形式也逐渐出现了新花样。例如，宋代发掘了"水秋千"。根据南宋吴自牧《梦粱录》等史料书籍的记载，北宋汴梁的金明池以及南宋都城临安的西湖、钱塘江等地区，都曾大规模出现过这种杂技表演。唐宋时期秋千进入全面发展，不仅汉族地区开始普遍流传，在朝鲜族、高山族、土族等少数民族也流行甚广，不少民族都拥有关于秋千的节日，且秋千的组织方式和玩法有区别，秋千在各地区、各民族不断衍生、流变，最终形成了中国特有的"秋千"俗文化。

　　我国是一个多民族的国家，由于各民族的文化背景、生存地域环境和生产生活方式所存在的差异，使得我国少数民族地区的荡秋千产生了许许多多的运动方式。朝鲜族酷爱荡秋千这一传统竞技游艺活动，这一活动常在节日举行，有时还进行比赛。台湾高山族人称荡秋千为"渺绵"，是"飞天"的意思，这与汉族人对秋千的传统认识是相同的。云南西北及川南纳西族的荡秋千习俗，俗称"秋千会"，纳西族东部的秋千会多在每年农历正月初一至初四举行，西部则于正月初六开始，历时4~5天不等。新疆柯尔克孜族的荡秋千游艺，当地人称"阿拉提巴坎谢里钦吉克"。在空

[1]　宗懔.荆楚岁时记[M].山西人民出版社，1987：19—23

[2]　陈洛嵩，陈福刁.秋千考[J].体育文化导刊，2014：152—154

地上选一点，用3根木头搭1座三脚架，在3米—5米外的另一点也搭一座同样的架子，然后在2个三脚架中间架一横梁，离地大约3米，横梁上悬挂6根"U"形的牛毛绳，构成秋千，玩时需一男一女面对面。青海土族荡秋千用的是轮子秋，土族称轮子秋为"卜日热"，意为"旋转、转轮"。轮子秋根据当地条件，就地取材制作。如拆下大板车柱轮，将车柱竖起，下轮压重物固定重心，上轮绑一架梯，在梯两端拴上等长皮绳（似秋千）即成，故谓之"轮子秋"；维吾尔族玩的秋千更为奇特，叫"沙哈尔地"，意为"空中转轮"。每逢春秋季节和举办婚礼时荡玩，在场地上牢固竖起一根高约10米的圆木作轴，轴顶装一木轮，轮上装两根横木，各拴上绳索，如秋千状。在我国西南少数民族地区还流行有磨秋、风车秋千等秋千形式。[1]正是因为我国各民族、各地区人民对秋千运动的喜爱，不断对它进行完善和改变，也使得秋千运动的精髓得以传承和发展，这些不同形式的流变、人们的喜爱、全民的参与正是秋千运动最好的传承途径。

秋千在沁河流域的历史也十分久远，发展至今也早已成为该地区民俗文化不可缺少的一分子。沁河流域流行的秋千大体与汉族传统秋千的形式相同，传统玩法最广，同时也有旋转秋千、空竹秋千、滑梯秋千等新玩法，通常在清明节、寒食节、中秋、八月会等节日中出现。荡秋千在当地传统文化中发挥着自身独特的价值。就秋千本身来讲，轻轻地一蹬一起就能游弋空中，荡去一身的疲惫，惬意地享受自由。秋千通常出现在清明、寒食等节日，寒食节、清明节正好是春光明媚、杨柳堆烟的季节，在这样秀美自然中，飘摇多姿的秋千带给人们无尽的遐想，在春光下惬意地摇曳，带给人们难得的放松，这种放松不仅仅是身体的放松，更能解放人们的精神世界，使之心境平和。

秋千是强身健体、自娱自乐且具有很强观赏性的游戏，秋千是在高空中运动，不仅需要运动员具备良好的心理素质，对运动员的速度、力量、

---

[1] 方川.秋千的起源与流变[J].寻根，2003：90—93

耐力，以及协调性和灵活性等都有较高要求。它既可以增强人体的力量（特别是四肢力量、腹背肌的核心力量），有利于发展机体灵敏素质、协调能力以及平衡能力，又可以调节情感，培养机智勇敢、顽强拼搏的意志品质，同时也是锻炼参与者心理素质的一项很好的运动。[1]

秋千运动在沁河一带诸多地区发展形势各异，组织形式纷杂多样，所运用的技术和表现出来的具体动作也有一定的区别。虽形式多样，其原理却是不变的。概括来讲，秋千运动的用具都需要固定的支架、结实的绳子或铁链以及固定、平整的落脚点（木质、竹质、布质或其他）。目的不乏放松身体，休闲娱乐，享受运动的快乐。

在古代，秋千多为女子喜爱，但发展至今，秋千早已成为一种老少皆宜、不分男女的全民健身项目。活动者对象，从纵向的年龄来看，各年龄段都可参与。从横向的人员构成来看，它不分阶级、贫富、性别，也不分地域，项目的活动者是全民，秋千的生存环境也是全民的生活环境。

5. 舞中"武"韵：花棍舞

花棍舞，是我国独具特色的传统民俗舞蹈。花棍舞动作舒展大方，刚健有力，粗犷与细腻交替，兼之武术动作，"武"与"舞"彼此映照，形成强烈的律动感，欣赏起来韵味浓厚。表演时花棍可贴及肩、腰、脚、臀部上下翻转等，是典型的全身性运动项目。

花棍舞在我国多数地区都有分布，通常在春节、元宵节、端午节等传统节

---

[1] 张国华.秋千项目身体素质训练的研究[J].贵州师范大学学报（社会科学版），2013：154—157

日中表演，部分地区的庙会或社火也都有花棍舞的身影。自花棍舞流传开来后很多地区的花棍舞都有自己当地的特色，具体组织方式、参与方式等方面都有较大区别。花棍舞在表演形式上大致可分为两个类型：流行于汉族地区的花棍舞和少数民族中的花棍舞。例如：北京花棍舞、东北黑龙江花棍舞、山西龙港花棍舞以及"十不闲"、苗族"夺蕊雕"、京族"哈节"耍花棍、江苏泗洪花棍舞、云南布依族花棍舞等等。这些都是花棍舞在各地区演变出的不同表现形式，各有特色，可见花棍舞在全国各地的发展盛况。

在沁河流域大部分地区，花棍舞属于当地传统的民间舞蹈艺术形式，主要流行于阳城、高平、长治、沁水、陵川等地。组织形式为集体舞，参加人数多少不等。先用各色彩纸或布条把木棍缠成彩色花棍，花棍两头挂铃当彩穗，表演时边歌边舞，以棍自击膝、腿或互打对击，并时而变换队形。当地最具特色的当属沁水龙港花棍舞、陵川"十不闲"等。目前，沁水县文化馆申报的"龙港花棍舞"已列入晋城市第三批非物质文化遗产项目。陵川县平城镇的"十不闲"也属于花棍舞的一种形式。

花棍舞自身不受场地限制，室内室外均可练习。不受年龄限制，男女老少均可练习。取材随意，形式简捷，老少咸宜，融健身娱乐于一体。不论在表演或是锻炼娱乐的过程中既活跃了气氛，又锻炼了身体，发挥着积极的娱乐价值、健身价值、观赏价值等。作为一项集体项目，花棍舞还能增进人们间的情感交流，促使人际关系更加和谐。

花棍舞花样很多，需要大脑发出清晰的动作指令，指挥身体各个部位，相互配合来完成动作。经常性参与"花棍舞"活动，我们的大脑能够得到充分锻炼，使思维敏捷、头脑灵活。练习要求全身各部分的参与、配合，能够有效改善人体的协调性、灵活性及反应等，锻炼神经传导功能和对力量的掌控能力，也有助于提高颈肩部肌肉、关节、腿部肌肉和腰部肌肉的力量。对改善颈椎疾病、腰椎疾病、肩、肘疾病和改善视力都有着非常积极的意义。在做挺直腰背、舒展前胸的动作时，不仅锻炼了胸、背部肌肉，还使肺脏得到锻炼，增加了肺脏对空气的吸入量，扩大了肺活量，提高了对身体的供氧能力。对改善"心脑血管疾病"发挥了积极作用。尤其针对长期面对电脑工作的群体，可缓解全身的僵硬感和不适感。总之，花棍舞这种典型的全身性运动项目，具有强身健体、改善机体生理功能的作用。

花棍舞吸收了流行于沁河流域的形意拳、鞭杆等在当地较为有特色的武文化元素，形成了独具特色的"花棍武"。其中沁水龙港花棍舞、陵川"十不闲"的组织方式、道具等都有各自不同的呈现方式。

"十不闲"属传统民间舞蹈"花棍舞"的一种表演形式，主要流传于陵川县平城镇一带，由中国民间舞蹈霸王鞭演变而来。"十不闲"亦名"十不歇"，由10个演员不停歇地表演而得名。它的传统表演形式是由两名演员担任主唱或主演，其余8名演员边舞边伴唱。表演者每人手持一根1米多长的竹子，两头穿眼，装上铜钱。以本地秧歌舞步，手持竹棍忽上忽下、时左时右地舞动，敲击四肢、肩、背，不断打出有节奏的响声。其敲打方式有"蹦蹦欢""穿花""原地打"等十多种。用竹棍击打身体各部位，能起到健身按摩的作用。手、足、腕、腿、肩、背、腰肢，浑身都在动，浑身都不闲。玩法可自由发挥创新，具有益智的作用。曲调为当地民间小调。说唱内容有歌唱大自然景观的，也有反映历史事件和民间传说内容的，代表性曲目有《十二个月都不闲》《二郎担山赶太阳》《康熙皇帝下江南》等。"十不闲"在陵川县群众基础十分广泛，主要得益于其取材随意，形式简洁，老少咸宜，融健身娱乐于一体。像在北路河村，家家都有棍，户户都能耍。耄耋老人，光腚孩童，赋闲农人，家中农妇，人人都能拿起棍子，耍几下子。

龙港花棍舞是一种民间传统表演艺术，用于民间百姓自娱自乐，逢年过节或者庙会也常会出来一展技艺。参与演员越多，越好看。音乐伴奏通常用民间的锣、鼓、镲等乐器，音乐简单流畅，倍受人民群众的喜爱。龙港花棍舞动作简单大方，人人皆可参与，且集娱乐和健身为一体，具有很强的推广性。

花棍舞在沁河流域的发展状况较好，不论城市、乡村都有较多的活动者，并且在活动组织、表演技巧等方面都不拘一格，演变出了较多新颖的玩法。平日里人们以花棍舞为健身项目，逢年过节还可以自发地聚在一起组成队伍为人们即兴表演一番。既能活跃节日气氛，又能锻炼身体，还能带给观众美的观赏体验，可谓一举多得。并且花棍舞以自身的特点较快地适应了新时代人们的价值观和要求，在全国各地都有越来越多的爱好者，人们在习练过程中也乐于提出新点子来增加项目的娱乐性，这对花棍舞的发展与传承起到了极好的帮助作用。花棍舞中内含很多的武术动作，"舞"之"武"，花棍舞融合了当地众多武术动作，包括山西特色的形意拳、鞭杆等。尤其是鞭杆，用的也是短棍，与花棍舞有很多的结合点，而当地的花棍舞也积极融合了当地这些优秀的武术元素，"舞"中有"武"，既实现了花棍舞的地域融合，又反映了当地的独特文化及人们的尚武精神。

6. 祭祀祈雨：扛桩

扛桩，又称抬桩、抬阁等。明末出现雏形，清初成熟，至今有近四百年历史。在沁河流域一带，相传在沁水县嘉峰地区已有数百年历史，以嘉峰镇武安村为代表。武安村位于沁水县东南部、沁河东岸，南与阳城接壤，东与郑村为邻。战国时期，秦大将武安君白起屯兵于此。这里历史悠久，文化遗存丰富。扛桩闹故事，亦称上桩故事，俗称顶桩或扮故事，表演区域以西乡为盛，最有代表性的则数阳城县城南关村和寺头乡的张庄村，是阳城民间舞蹈的一种特殊形式，也是群众喜闻乐见的民间传统文化之一。相关作品有《战幽州》《杨门女将》《孙悟空三打白骨精》《断桥》等。泽州西黄头村的高跷顶桩又称高桩故事，是一种别具特色的汉族舞蹈。集合脚下踩高跷、上身顶桩（顶人）、高跷走兽、抬阁等为一体的演出故事，是其特有的一种文化遗产。

扛桩在沁河沁水一带可以说是一项独具特色的节日庆典项目，其自身也有着深刻的地域文化含义。它伴随着民间祭祀活动而发生、发展，随着生产、生活的演变，活动空间的拓展，不断繁荣，在长期参加民间民俗活动中形成固定的特殊形式，具有独特性，其基本特征及传承历史有着重要的研究价值。扛桩经历了明、清时期的成熟和发展，到日本侵华时期的中断、新中国成立初期的抢救、二十世纪六七十年代的禁演至衰落，扛桩故事几起几落几经周折，它所包含的民俗文化是任何其他传统活动难以代替的。

从锻炼身体角度来说，扛桩对于表演者要求很高，表演者需要扛着一个六七岁的孩子在肩上，边走边表演，需要很强的平衡能力以及身体力量，从每个人有专门的替补来替换就可以看出这项民俗体育项目所耗费的体力。另外在桩上的孩子也需要有胆量，自己掌握平衡的能力也需要锻炼。从社会关系的角度看，扛桩一般的传承方式都是家族传承，头上顶的都是自己的孩子或是自己的外甥、外甥女、侄子、侄女等，更能促进相互亲戚关系的和谐，另外这项活动一般都在庙会的时候开展，促进人们的交流，扩展人际关系，这对于增强社会适应能力是非常重要的。

2008年10月9日，由沁水县文化馆申报的"武安杠桩"已被列入晋城市第二批非物质文化遗产项目，由阳城县文化馆申报的"扛桩闹故事"已于2008年10月9日列入晋城市第二批非物质文化遗产名录，并于2009年4月24日列入山西省第二批非物质文化遗产名录。

扛桩这项优秀的民俗民间表演项目因其自身复杂烦琐的演出需求，以及多地传统道具的老化、缺失，乃至人们忙于生计，没有专门时间练习等因素导致的活动参与人员的流失，以致如此优秀、饱含历史文化色彩的扛桩故事面临埋没之忧。进一步讲，抢救和保护扛桩故事，不仅对丰富和完善民间舞蹈有着重要作用，而且对其特殊的制作方式和表演方式的稀有性也有着重要的研究价值。扛桩文化急需拯救，只愿这样优秀的民族文化遗产能够得以保存，不至泯于文化发展的长河。

7.声声鸣威：威风锣鼓

威风锣鼓是流行在霍州、洪洞、汾西、临汾一带的汉族民俗文化艺术，作为一种汉族传统打击乐器的合奏形式，由于它击奏多姿，威武雄壮，所以俗称为"威风锣鼓"。每逢过年过节，喜庆丰收，集会游行，便会出现在民间。

威风锣鼓是古老的汉族民间艺术形式。据传，这种锣鼓演奏形式开始于尧、舜时代，距今已有四千多年的历史。关于威风锣鼓的历史渊源也各有陈词。传说一：尧王将两个女儿娥皇、女英许配给舜做妻子，从此帝尧

二女便以万安村为婆家，羊獬村为娘家。每年农历四月初八，娥皇、女英回娘家时，万安村群众敲锣打鼓送行，回来时羊獬村群众敲锣打鼓送回，以示威风。从那时起，就有了威风锣鼓。经过几千年世代相传，演变成如今的节奏很强的威风锣鼓。在临汾的一些县，大的村子几乎都有锣鼓队，而大的锣鼓队往往达到百人以上，击奏起来，气势雄伟，姿态健美，十分威风。传说二：公元619年，李世民在霍州大战刘武周部，击鼓迎战，鸣锣收兵，进退有序，取得了胜利，于是流传下威风锣鼓。这种锣鼓的特色就是"威风"。从锣鼓的配置打法，演奏队的组织、表演以及着装，都在展示威风。

长期以来，威风锣鼓在山西境内大受欢迎，它的使用范围也由过去仅限于本族内祭祀、怀念先祖的活动，扩展到日常生活的婚嫁、节日庆典中，有时冬闲下来，人们也要兴高采烈地打起锣敲起鼓，以庆丰收。1988年以来，山西的威风锣鼓从农运会到亚运会，从省城的民间艺术节到天安门广场的四十周年大庆，真正打出了山西民间艺术的威风，誉享全国，声闻世界。

晋南威风锣鼓是由锣、鼓、铙、镲四种乐器共同演奏的一种汉族传统打击乐艺术形式。由于其鼓声如雷，钹音清脆，锣鸣镗镗，威风凛凛，所以叫作威风锣鼓。霍州更是威风锣鼓之乡，霍州威风锣鼓有着"华夏第一鼓"的美誉，其源于尧舜，兴于隋唐，盛于当代，深植于黄河流域汉族文化土壤，有着音域宽广、刚劲激昂、雄浑古朴、凝重豪放的特点。而今仍有"单刀赴会""二霸争雄""三战吕布""四面埋伏""五马破曹""六出祁山""七擒孟获""八面威风"八个曲牌名回荡在古老而年轻的霍州大地，震撼京城，饮誉海内外，展示了黄河文化深沉厚重、粗犷豪放、不屈不挠、奔腾不羁的汉民族魂魄。

威风锣鼓在表演时，需要结合鼓点、节奏以及场面变化时时做出调整，整个表演都有自身独特的一套程序和风格：（1）配合身段动作戏曲表演程式性的规范动作，称为"身段"。角色的上下场势，和在场上的动作表演，都要依照角色行当，人物身份、性格、感情、行动和其所处的规定情景，需要用不同的锣鼓点子给予配合，以帮助表现身段动作的规整性和情节、情绪上的连贯性。（2）引导和结束，唱腔戏曲中各种人物的唱腔，其开始之前和收住之后，或唱段与唱段之间的衔接、变换，需用锣鼓点子作为起止和交代，锣鼓能起到指示唱腔的板式类别和歌唱速度等作用。（3）伴奏念白、加强语气。戏曲的念白与吟诵的诗句、引子，都是有韵律的。在一段念白的开始与结束，或大段念白、律句、偶句之间，或从念白过渡到唱腔时，都常用锣鼓穿插，用以承前启后，点明句读，划分段落，从而加强节奏感，烘托语气、语势上的轻重缓急、抑扬顿挫，辅助表现喜怒哀乐等感情。（4）烘托气氛、渲染情绪。戏曲中戏剧气氛、情绪、环境、情景，常需要借助于乐队伴奏的配合渲染。当管弦之声不足以表现时，锣鼓便发挥它特定的作用。另外，锣鼓有时也兼作一些音响效果，如表示风雨雷电等各种自然现象，这也是传统戏曲中的一种借助手段。

威风锣鼓在沁河流域一带已逐渐成为满足人们日益增长的文化需要的重要的群众文化形式，成为一种独特的文化符号。不仅当地，有时外乡外埠来邀请参加喜庆、礼俗活动，威风锣鼓也是必不可少的迎客活动。整体来看，它对该地区的精神文明建设，丰富人民群众文化生活，提高人民群众的素质，促进人们全面发展，构建社会主义新农村，将产生重要的作用。

威风锣鼓在当地发展之盛，传统节日庆典、庙会活动乃至婚俗店庆都能觅其身影。活动形式也从非专业活动延伸至专业演出。参与的人员也不仅仅局限于"农忙之余露一手"的村民，现在早已形成一批拥有精湛技艺的"老把式"传承者，例如：国家级非物质文化遗产代表人物、晋南威风锣鼓代表性传承人王振湖。多年来，王振湖坚持著述，突出写锣鼓。根据锣鼓发展的需要，不断地向民间老艺人学习，也特别重视学习新知识、新理论；晋南威风锣鼓代表性传承人王伟峰，汉族，1992年进入临汾市鼓乐艺术学校专门学习威风锣鼓，1994年进入临汾市鼓乐艺术团工作。2005年参与创作的《黄河雄风》一举夺得在山西临汾举办的民间鼓舞鼓乐大赛最高奖"山花奖"，2007年成立了临汾市尧都区新鼓源文化传媒有限公司，专业从事威风锣鼓培训、演出的工作。在沁河流域还有着众多的群众爱好者和民间老把式，逢年过节，他们总要即兴装扮起来表演一段，既活跃了节日气氛，也满足了自己的娱乐需求。当地大量的项目爱好者也同样促进了威风锣鼓的积极传承，从而使这项优秀的古老民俗项目得以继承和发展。

8. 民族融合：龙灯

龙灯，在全国很多地区皆有分布，称谓也不尽相同，除称作龙灯外，又有"龙舞""灯笼龙""火龙舞""打龙灯""舞高龙"等别称，是一种古老的汉族民俗舞蹈。其活动寓意主要是衬托古代汉族人民对龙的崇拜。龙灯是汉族和部分少数民族节日传统灯彩。龙在中国是吉祥的象征，因此民间每逢春节、元宵节、灯会、庙会及丰收年，都举行舞龙灯的活动。龙灯在组织方式、活动方式乃至动作技巧等方面与舞龙运动有一定的相似性，但在道具方面有细微的区别，有的龙身内置灯泡等照明装置，有的则直接由灯笼或其他特定的照明装置组成龙形，翩翩舞动，煞是美观。

在山西境内沁河一带，龙灯文化早已是当地一项不可或缺的传统民俗项目。"龙灯舞"是山西省境内普遍流行的一种民间舞蹈形式。演出的时间，一般都在农历正月十五闹"红火"、闹"元宵"的时候，也有一些地方在农历二月初二的"龙抬头"时表演，这是一种极为普遍的民间艺术，这种传统的艺术节目，大都与中国的传统节日紧密地联系在一起。

关于龙灯的道具。龙灯身长20米左右，直径0.6米~0.7米，内用铁丝做成圆形，安上灯泡或蜡烛，外用纱布包裹涂色而成。龙身由许多节组成，每节间距约五尺左右，第一节称一档。组成龙身的"节"，一般都是单数（如九节、十一节和十三节的）。龙头部分也分轻重不同，一般重量30多斤。舞龙者由数十人组成，一人在前用绣球斗龙，其余全部举龙，表演"二龙戏珠""双龙出水""火龙腾飞""蟠龙闹海"等动作。

晋城泽州的"龙灯舞"，也叫作"耍龙"，有锣鼓伴奏，并配用锯末、硝、磺等熏制的滚滚浓烟。表演始终由一人举龙珠在龙头前逗引，其余人举龙身、龙头上下舞动，做翻、跃、卷等动作。夜间表演，通明的蛟龙更有腾云驾雾、翻江倒海之感，景象十分壮观。

龙灯是我国传统的体育项目，是中华民族传统文化的重要组成部分，是一项具有历史性、民族宗教性、传统文化性、时代发展性等社会特性的民间体育项目。龙灯整体的制作展示了木匠、竹篾匠和民间艺术的博大智慧，它集文学、绘画、雕刻，剪纸、刺绣、音乐、戏剧于一体，综合了各种元素，使之完善地统一在整个耍龙灯活动之中，具有很高的民间"俗文化"价值，很高的文化传承价值。龙灯是一项集体性的运动项目，它不仅是中华民族欢度节日和表达喜庆氛围的手段，也是寄托民族精神的符号象征。除了具有现代体育的健身、竞技、娱乐等一般属性外，还具有历史性、民族宗教性、传统文化性、时代发展性等社会特性以及自身的教育、民族凝聚、弘扬文化、经济等社会价值功能[1]。

---

[1] 雷军蓉，中国舞龙运动的社会特性和价值功能[J].北京体育大学学报，2004：1330—1332

舞龙灯运动属有氧运动，是长时间、中等强度的身体运动，资料显示，长期有规律的锻炼，能使机体的心率变慢、肺活量上升，血压明显变化，说明舞龙锻炼使人体的心肺功能得到了锻炼。进行舞龙运动时，动作幅度和力度都比较大，特别是一些环绕动作及各类跑、跳、伸展的动作等，都能够提高肌肉、肌腱、韧带的弹性，增加肌肉力量，可以提高机体速度、柔韧和力量素质。

9. 武打表演："圪栏棒"

圪栏棒，山西特色民间民俗传统项目。圪栏棒表演的基本内容，大多为戏曲武打故事、战争场面。起源及发展最盛之地当属山西沁水县，较为出名的有青龙圪栏棒、王寨圪栏棒、固镇圪栏棒等。据调查，圪栏棒这项传统民俗项目大约产生于明末清初，盛行于清代和民国年间，至今已有四百多年的历史，其表演的项目大体包括《战幽州》《瓦岗寨》《三打祝家庄》《薛仁贵征西》等武戏故事。

圪栏棒的产生与其地理环境、人文环境以及当地的民俗民风等有着密不可分的联系。目前关于圪栏棒的起源多有争论，不同表演项目的来源也各有争论。传闻一：圪栏棒源于沁水县青龙村，青龙村位于沁水县城西7公里处大尖山脚下，地形主要以山地为主，属于典型的"环山村"。向来交通闭塞，旧时多匪患，附近一带村民多习武防身护院。后匪患清除，人们安居乐业，传统的练武习俗也逐渐发生转变，当地人民依然坚持习武强身，从防身护院之用变为传统节日表演，一为强身健体、丰富娱乐生活；二来警醒后人，不忘历史。由此说来，当地的这一特殊地理环境与人文环境是青龙圪栏棒这一民间文化遗产产生的主要历史原因。

传闻二：据悉，"圪栏棒·三打祝家庄"源于当年梁山好汉路经当年茶马古道古固镇所传，系沁水独有、全国仅有的一项传统武术项目。流传于沁水王寨河、杏峪河一带，由世代相传的固镇村老艺人登门传授，使固镇"圪栏棒"在兄弟邻村青龙及苏庄等地流传。这种独特的民间舞蹈，除"圪栏棒"外，还有刀、枪、斧、铲等，表演时按"三打祝家庄"情节展现，暗器频现，对打多样，伴以威风锣鼓，及胡琴慢板。六百多年来，固镇村上自老人下至少年，对打学武，娱乐健身，一直沿袭着这项优秀的传统民俗项目。

如今，圪栏棒常见于山西省沁水县民间，多在春节、元宵节等传统节日以及当地庙会、民间社火中出现。圪栏棒流行最盛的地方包括沁水县青龙村、王寨村、固镇村以及附近一带的村落。目前关于圪栏棒的发展，2007年1月12日，该项目已被列入晋城市首批非物质文化遗产名录。青龙村圪栏棒在2010年被评为山西省非物质文化遗产。沁水县固镇传统武术项目"圪栏棒·三打祝家庄"，沁水县文化体育局正积极为其申报国家级"非物质文化遗产"名录。青龙圪栏棒在2013年被选送为沁水县春节文艺晚会节目。可见目前沁水各地对于"圪栏棒"项目文化的重视与保护。

圪栏棒是沁河流域沁水县一带的一项独特的传统文化，项目的整个发展过程彰显了当地群众的聪明才智与尚武之风。它代表的不仅仅是一个传统活动或者一场精彩表演，它更多是以独特方式支撑、传递着当地民众的坚毅精神。而其自身的表演也发挥着积极的娱乐价值、健身价值。圪栏棒项目从准备到表演的过程十分接近武术的习练过程，表演武器都是真刀真枪，表演中的武打动作也都是实实在在的。因此，这些高难度的动作需要参与者有扎实的基础、过人的胆识以及精湛的技艺，还有出色的机体反应、肢体力量、平衡能力、灵敏素质等各方面身体素质的配合，这实非"一日之功"。在当地，正因为受到圪栏棒项目的影响，很多人都喜欢

"耍"几下，长此以往，圪栏棒的习练势必会对参与者的身体素质乃至身体健康起到积极的影响，发挥其锻炼体魄、强身健体的健身价值。

圪栏棒表演主要道具是"圪栏棒"和"圪栏絮"，同时这一民间文艺的表演名称也是以道具而得名。道具的独特之处在于它既不是从传统戏曲枪棒模仿而成，也不是直接将传统戏曲的斗打武器挪作其用，而纯粹是从百姓的生活中就地取材加工而成。如今，除"圪栏棒"外，表演中还会出现刀、枪、斧、铲等，表演按故事情节进行，表演武器都是真刀真枪，表演中的武打动作也都是"实打实"地来，需要表演者密切配合。

目前，山西省各级政府以及当地群众都在积极发展和保护这一优秀传统项目，或地方申遗，或政府扶持，或民众间技艺相传，他们的努力为项目的发展和传承起到了至关重要的作用。圪栏棒项目近年来虽然在省、市、县的扶持下做了一些发掘和抢救，并在其服装、道具及表演形式上有了一些新的改革和发展，但由于地域经济贫困、缺乏活动平台等原因，其发展和提高举步维艰，整体处于濒危待拯的境况。由于当地村落生活方式的改变、群众价值观念改变以及新生一代的观点和态度上的差异等主观原因，导致圪栏棒在技艺传承方面存在较大问题，造成圪栏棒的发展依然由老一辈支撑，新生血液跟不上的尴尬局面。由于生活之需，该项目原有的"老把式"不得不转移更多的精力面对生计，虽习武、演武之风在当地依旧风行，但已显露疲态，暴露了发展前景之忧。我们应当积极面对这些初现之忧，提前做出合理有效的应对措施，呼吁当地政府与群众更好地保护目前的良好氛围，为圪栏棒这一优秀民俗项目开拓发展、传承之路。

10. 灵机一动：牛拉桩

据传说，"牛拉桩"始创于元代中期，说的是有一年古庙会前，村中社首按姓氏摊派装扮，在京城的官员捐了锣鼓20面，在汉口经商的捐了10乘走装车辆，本地冶铁大户置备了10艘旱船，唯有张家无人资助，筹备不起表演的故事。正在发愁之际，张家有一年轻后生想出了"牛拉桩"。这

个年轻人叫张灵，非常聪明，什么活计他一看就会。有一天，大家议论这个三月二十庙会，要办什么故事，他就想了个办法，他说咱们可以用牛拉桩，用牛拉桩，办上三出戏，他讲了以后大家都同意，他就把方案拿出来，就是弄了这么三个桩，有主桩，有支桩。那么选谁坐桩呢？族人都推荐小孩子坐桩，一来是锻炼年轻后生的胆量，二来为节目增添喜庆气氛，按照传统习惯，坐桩人物分为三个戏剧人物故事，分别坐在三辆牛车上，这三个剧目为《天门阵》《三阴阵》和《黄河阵》。"牛拉桩"在大南庄古庙会上一亮相，引来了无数乡邻前来观看。在庙会上一举夺魁，传说当时河南怀庆府有一王员外非常赞赏，也想在家乡仿造。由此，牛拉桩表演被越来越多的人传颂，牛拉桩这项民俗活动也逐步发展起来。

后来每年庙会，都会有很多人来参加，看精彩的牛拉桩表演，后来有相当一段时间这里的庙会被称作晋城市的第一庙会。牛拉桩这项民俗项目也逐渐被越来越多的人知道和赞扬。晋城泽州县大南庄的"牛拉桩"起源于元代，盛行于清代和民国初年，新中国成立之后，村民怀着对新生活的热爱，使"牛拉桩"这一民间故事热闹过很长一段时间，可惜在"文化大革命"时期，"牛拉桩"被迫停演。那段时间，人们把戏剧服装，牛拉桩上面坐的人物的服装和铁制的东西全部报废了，把那些铁的道具打成其他工具、农具，服装也都改做成被子、门帘了。

　　改革开放以后，随着地方经济的逐步好转，"牛拉桩"这一独特的民间艺术再度复活，在村民们的精心设计下，"牛拉桩"以新的面貌出现在了古庙会上。20世纪80年代的时候，根据群众的强烈要求和反映，说老祖宗留下的东西，不能丢掉，所以在当地政府的支持与协助下，1985年—1986年，把"牛拉桩"这项民俗活动逐步恢复起来。时代在发展，"牛拉桩"活动也发生了一些演变，比如后来演变成汽车拉桩，就是说汽车是铁牛。再后来，下边赶会的给当地政府提出建议，说牛拉桩就是牛拉桩，不能用汽车。2009年，应群众要求，又改回用牛拉，考虑安全、科学性等问题，经过深思熟虑以后，桩子焊制了一个铁的，原来是木质结构的，现在是钢架结构，加上液压升降，高度尽量缩小。三个年轻人，仿照原来的造型，用了一个月的时间，做了这样三个桩进行试验。这个过程体现了当地群众对这些优秀民俗活动的保护意识，同时也体现了群众的智慧和科学进取的发展态度。

　　"牛拉桩"这一优秀民俗活动是沁河流域晋城泽州县的特色活动，多在当地农历三月二十日的古庙会中出现。至今当地仍然存在这种表演，并且有专门的表演队和一批表演过此项目的"老把式"，每当古庙会开始或受其他地方邀请，他们就会聚在一起表演这个项目。但"牛拉桩"因项目自身的一些特点和生存、发展环境等因素的影响并未在全国流传开，只在泽州一代比较出名和流行。目前，泽州县下村镇大南庄村传统故事牛拉桩被列为晋城市第一批非物质文化遗产。

　　"牛拉桩"民俗项目充分展示了当地群众的智慧和独特的地方风俗民情。当地人敏锐的民俗保护意识有效地保存了这项优秀的民俗项目，发挥了优秀继承者的作用。它又通过精彩的表演来反哺当地的群众，让这一项目依然能够为群众服务，带给他们欢乐和美的感受，发挥了文娱价值和传承价值。"牛拉桩"表演需要的是体力与智力的结合。控制牛走动节奏的人需要充分的身体力量、敏锐的反应能力和观察能力以及对全局的控制能力。而桩子很高、稳定性较差，每个桩位上的表演者需要表演不同的剧目，而且一般需要小孩坐桩，不仅要坐在高高的桩上，还要完成逗人喜乐的表演，这就考验坐桩表演者的心理素质和平衡能力、身体控制能力等。

早先的"牛拉桩"是指牛车，桩在牛车上，下边是一根主杆，后边是个车，后边的轱辘是铁轱辘，上边改成铁桩。以前全部是木头，轱辘也是木头，上边的桩也是木头，桩子五六米高，或六七米高，为了桩子的稳定性，压上沙袋或者用其他方法固定。

"牛拉桩"表演的组织也比较简单，一般在"牛拉桩"出场之前是故事表演，四邻八村的乡亲们都带着自己早已排练好的故事节目前来助阵。有传统的《唐僧取经》《抬花轿》《竹马》《旱船》等，近年来又加入了不少具有时代气息的节目，如吹打乐、铜管乐、街舞、健美操等。这些精彩纷呈的民间表演，一方面充分展示了地方风俗民情，另一方面起着招徕观众、引人入胜的作用，为"牛拉桩"的出场做好了应有的铺垫。"牛拉桩"一登场，首先是"鼓王"锣鼓乐队在前方带路，车上载着直径将近2米的大鼓，车后跟着直径1米多的大锣，再加上五六十人组成的威风锣鼓队，浩浩荡荡，鼓乐齐鸣，一时间把大南庄古庙会变成了沸腾的海洋。身着传统服装的村民，用劲牵扯着打扮一新的耕牛，牛车一般采用独辕牛车，两头牛分别在车辕的两侧拉套前行。车上立有高达6米左右的主桩，由主桩派生出15支左右的子桩，子桩上坐的是一组戏剧人物。那么选谁坐桩呢？族人都推荐小孩子坐桩，一来是锻炼年轻后生的胆量，二来为节目增添喜庆气氛，按照传统习惯，坐桩人物分为三个戏剧人物故事，分别坐在三辆牛车上，这三个剧目为《天门阵》《三阴阵》和《黄河阵》。三个桩是有三出戏，头一个桩是《天门阵》，主要讲的是，宋朝杨六郎破天门不力，最后穆桂英与杨五郎合力，把这个天门阵给破了。第二桩是《三阴阵》，《三阴阵》就是演解围朔阳城，在朔阳城被困住以后，程咬金搬兵让秦琼去破阵，破他的三阴阵，破了以后把唐主救回来。第三个桩叫《黄河阵》，《黄河阵》是商周时候，那时候有赵公明、雷震子，云霄、碧霄、魄霄姊妹三，最后破了黄河阵。在高空表演，处处精彩，常常惊心动魄，引得下面围观的观众不断的惊呼、叫好。

每年三月二十日泽州县下村镇大南庄的古庙会，也被称作是牛拉桩古庙会，很主要的一点就是要进行"牛拉桩"表演。场面非常热闹，可谓人山人海，号称泽州第一庙会。这些庙会是牛拉桩的主要组织方式，传承主要是依靠当地政府的支持、保护以及当地群众对项目的自觉传承、发展。当地有专门的表演队伍，他们日常不需要表演的时候就分别做自己的工作，每当古庙会开始或受其他地方邀请，他们就会聚在一起表演这个项目。造就了一群技艺精湛的"老把式"，他们又把技术传给年轻的后生，早已培养出了一套独特的传承方式。

11. 迎新娶亲：抬花轿

抬花轿，又称抬轿子。起初是汉族传统婚嫁文化习俗的一种表现形式，新娘由花轿抬到新郎家。后经演变成为一种别具特色的节日民俗活动。民间艺人根据虚拟抬轿动作而创作的民间舞蹈，盛行于民国中期并流

传至今。在河南覃怀一带又有"高抬火轿"之称，是"抬花轿"民俗舞蹈融合踩高跷技艺表演元素，相结合产生的一种独特民间舞蹈形式。

"抬花轿"民间舞蹈的历史由来已很难考证，但它肯定是伴随婚嫁习俗的花轿发展演变而来的。旧时，由于交通不发达，婚姻嫁娶，均以轿代步，一是显得隆重气派，二是表示热闹喜庆。"抬花轿"舞蹈同样沿袭了它的热闹喜庆、场面恢宏的特性。溯其根源，还得追叙"轿"的由来及演变。据《史记》记载，轿子在汉朝时期名为"舆"。魏晋六朝盛行"肩舆"，五代后唐始有"轿"之名。宋初，轿子仅限官员使用，后有关禁令被废，轿子才发展到民间，成为人们的代步工具并日益普及。后被用作婚嫁习俗之中，成为一种特殊的民俗符号。再到后来民间艺人虚拟抬轿动作而创作出民间舞蹈，也就是"抬花轿"舞蹈，盛行于民国中期并流传至今。

旧时，"抬花轿"迎娶新娘的婚礼习俗遍布全国。后演变成一种节日舞蹈，流传于国内多数地区，其中分布最广、流行最盛的就是晋、冀、鲁、豫一带。"抬花轿"舞蹈表演多在春节、元宵节传统节日以及地方庙会等节日中出现。

在沁河一带，"抬花轿"舞蹈表演在各地较为常见，阳城、沁水、沁源、泽州一带流行较广。每值闹春节、元宵节以及各地庙会，广场、街道上总缺不了一场"花轿"表演。

这项舞蹈表演来源于婚嫁习俗，是一种参与人数众多的秧歌舞队表演形式[1]。本身就代表着喜庆、热闹。道具制作工艺的烦琐，表演角色的复杂多变，时代性的技艺表演与地域民间艺术相结合的舞蹈新样式，以及特殊的服饰与动作设计等处处都透露着我国汉族农耕文明的基因与现代文化相互包容与融合的特征。这一切都表现着"抬花轿"舞蹈的人文历史价值和人民的艺术创新精神，传承着鲜明的地域民俗文化与艺术特色，完全

---

[1] 袁禾.中国舞蹈意象概论[M].北京：文化艺术出版社，2007

揭示了艺术源于生活的不变真理[1]。

　　抬花轿是多人配合进行表演的，同处在一个道具下的空间平面，需要表现各自不同的肢体动作，这就需要表演者有很强的协调性，准确的肢体的控制力以及出色的灵敏性、反应性。木制的花轿加上各种装饰也有一定重量，轿夫和"坐"轿人都需要用手臂、肩部和下肢提起并保持道具的平衡，这就需要表演者有较强的四肢力量、肩部肌群力量支撑和稳定的躯干核心力量掌握平衡。且一场花轿表演往往持续时间较长，需要不停地踏着舞步跑动，这也需要表演者有充足的体力和耐力。因此，"抬花轿"舞蹈表演不仅富含观赏价值和娱乐价值，同时也拥有较强的强身健体、改善体质的育人价值。

　　"抬花轿"表演所用道具制作很简单，用木杆（条）制作成轿子的框架，再用各色布料、彩绸围裹，并用流苏、丝穗、花朵等装饰。轿内站一表演者，也和推小车一样，设置假腿于车面，使假腿形成盘膝而坐的形状。前后各一名轿夫，人物的扮演有小媳妇、大姑娘、新郎新娘，也有皇姑娘娘、当官的县太爷，轿夫则按照轿内的人物而装扮成普通轿夫和衙役等。表演者随着音乐的节奏，时而踏步轻扇，时而上下颠簸，几个人配合默契。例如阳城县上庄村的抬花轿表演曾推出了八抬花轿，把四百年前的吏部尚书王国光也给抬了出来，百官庆贺，舞女翩翩，场面甚是壮观[2]。

　　坐轿人两种扮相，一是扮为丑县官，头戴乌纱帽，身穿红官衣，手执大折扇。一是男演员扮一俊俏女子，梳古装头，穿小衣包和中式袍裤，腰系布带，手拿花汗巾。四轿夫亦丑角打扮，鼻子下长一撮柳絮胡须。所抬花轿为一木制无底简易"花轿"，轿顶上搭有红绿纱缦，用彩绸打结于轿门及周围。坐轿者双脚着地"坐"于轿中。表演时，在唢呐以民间乐曲《大起板》或《百鸟朝凤》的欢快乐曲伴奏下，花轿忽上忽下，翩翩起

---

　　[1]　樊廷亮.民间舞蹈"高抬火轿"形态特征调查研究[J].焦作大学学报，2013，（4）：41—44

　　[2]　张星社.阳城民俗文化[M].三晋出版社（原山西古籍出版社），2011：314

舞，轿夫们口中还不停地喊着"上坡""下坡""转弯抹角"等口号。坐轿人随着口号和轿的起伏，表演坐轿的各种姿态以及喜、忧、惊、羞之情。真是"抬轿人真抬真走，坐轿人假坐假扭，抬坐默契两无间，以假当真乐悠悠"。

当传统遭遇现代，这是每一民间艺术都须面对和思索的问题。在强调经济发展、多元文化并存的今天，民间舞蹈"抬花轿"该如何整合，人们该如何保护和传承好这一珍贵的民间艺术遗产，耐人深思。据了解，目前"抬花轿"虽还流传于沁河流域很多地区，但都是靠着上一代的民间"老把式"、老艺人在表演和传承这项技艺，他们大多也是"为需所指"，平日正常生活，节日的时候出来表演，很难形成正规的表演队伍或者协会。然而年轻一辈的后生又对这些老技艺不上心，这就不得不提醒我们抓紧思考花轿舞蹈表演的未来了。另外，除河南覃怀将其特色的"高抬火轿"于2007年成功申报成为河南省"非物质文化遗产"保护项目，其他地方并未将传统的"抬花轿"舞蹈民俗进行申遗保护起来。沁河流域的"抬花轿"民俗活动在音乐、服装、组织形式、表演风格等各方面都独具地方特色，我们是否应该将其申遗保护，值得我们认真思考。

12. 庆祝丰收：串院子

串院子，山西境内民间民俗传统活动。从表现形式上看，它是和闹秧歌、锣鼓等民俗项目相联系的一种文艺活动。[1]多在春节、元宵节等传统节日中出现，扭着秧歌，敲着锣鼓，或者扮着花脸挨家挨户给村里人送祝福和快乐，这种作为"道喜"的民间民俗活动被称为"串院子"。

串院子是流行于山西省民间的一种特有民俗活动，它的来源没有明确记载，但它的组织形式是伴随秧歌、锣鼓等民俗活动进行。活动参与者

---

[1]　沁源县志编纂委员会.沁源县志[M].海潮出版社，1996

说，串院子有两层意思：一是庆祝过去的一年喜获丰收，二是希望来年风调雨顺有个好收成。由此可见，串院子不仅仅在传统节日里传递喜庆，也是一种融合了当地民俗、民风

而形成的为人祈福的活动。说到"祈福"，早在《礼记·月令》中便有记载：季夏之月，令民无不咸出其力，以共皇天上帝名山大川四方之神，以祠宗庙社稷之灵，以为民祈福。而串院子中涉及的锣鼓、秧歌也都有着悠久的历史，据有关记载，锣鼓在中国已有千年的历史，是中国最为古老的乐器，四千多年前的"鼍鼓"便指的是锣鼓。秧歌最早也可追溯到商周时代。两者也都常在春节、元宵节等传统节日中出现，都与祭祀、祈福等活动有着密不可分的联系，例如：祭祀活动中的奏乐主要成分就是锣鼓；秧歌有祭祀农神、祈求丰收的含义。串院子与祈福、锣鼓、秧歌联系紧密，分析来看，串院子这项民俗民间活动同样应该有着悠久的历史渊源。它以祈福为目的，在发展过程中逐渐融入了锣鼓、秧歌等性质相近的传统活动，从而衍生出了这种特殊而优秀的民俗活动。

"串院子"是分布在山西境内的一种特殊民俗活动。目前，临汾、沁源、沁水一带一直保留这项民俗传统。如临汾市黄土梁村，正月初五，串院子活动的"老把式"们便会组织锣鼓队，为村民们道喜，送新春祝福。锣鼓队完全由村民组成，队员中年龄最小的六七岁，最大的六七十岁。锣鼓队开始挨家挨户道喜，每到一户村民院落都要敲上一阵锣鼓。而农家的主人便会放爆竹表示欢迎，同时还会送上两包香烟。目前，这种民俗传统仍然存在于山西少数的民间村落，由于农村生活方式、村民价值观念等因

素的改变导致"串院子"习俗的发展受阻，虽然这种活动依然存在，但日后的发展前景堪忧。

"串院子"在沁河流域一带流行最广。在沁源、沁水一带，春节、元宵节总免不了组织各种活动"串院子"，为左邻右舍送上祝福与欢乐。

"串院子"在当地民俗中有着丰富的寓意。一是在喜庆的日子里给村民带来欢乐，通过活动表演增加节日欢愉的氛围。二是庆祝过去的一年喜获丰收，同时希望来年风调雨顺有个好收成。这种民俗传统有助于增进民众间的情感交流，很大程度上促进了整个村落的和谐融洽，同时也相互传递喜悦与欢乐。

在活动的生理价值方面分析："串院子"通常伴随着秧歌、锣鼓等活动。表演者通常是村中的民众，虽然不需要精湛的技艺，但是队伍要挨家挨户送去祝福，这需要表演者有充足的体力和耐力，铁锣或者大鼓是很沉重的，操作起来需要足够的肢体力量，而秧歌更是需要有节奏的跳动，对四肢力量、节奏、平衡有着较高的要求。而"串院子"是一种全民参与的活动。整个活动下来，村民不仅能从中收获快乐，更能起到强身健体的锻炼作用。

"串院子"活动，正月初一夜晚开始，村里组织乐队在大街上敲打吹奏，一般为粗细乐队两套，即打击乐和吹奏乐两套人员，用于营造喜庆气氛。鼓乐队路过每家大门前，院主人鞭炮迎接。另一种"串院子"是，闹秧歌后，秧歌队和鼓乐队在挑高人的带领下在村子大街小巷走一圈，走到哪家门外，院主鞭炮迎接，挑高人即兴根据院主人情况，现编现唱一两段喜庆祝福的秧歌。除正面歌颂以外，挑高人有时也编一些挑逗开玩笑的话，引得大家哈哈一笑，以表快乐之心情。

"串院子"中的锣鼓队、秧歌队完全由村民组成。村间的男女老幼即使不去表演也必定要跟着看热闹，整个活动不分年龄、性别，他们日常中各自忙于工作，节日里即兴组织起来欢闹一番，完全体现着全民参与、全民快乐。现在由于农村生活方式、村民价值观念等因素的改变，"串院子"习俗受到了严重的冲击，以前很多村子都存在"串院子"的习俗，现在只有少数的村落保留着这种习俗，并且在活动方式上也存在一些弱化的改变，"串院子"活动正在经受着严峻的考验。

13. 东方雄狮：舞狮

舞狮，又称"狮子舞""狮灯""舞狮子"。舞狮是一种古老的汉族民间舞蹈，中国的壮族、苗族、满族等民族受汉族文化影响也有类似舞蹈，舞狮是中国优秀的传统民间艺术，每逢佳节或隆重庆典，民间都以舞狮来助兴，用舞狮的方式来表达他们的欢快心情。古文献著作记载，中国舞狮源于汉朝已被认可，但具体年代则无法确定。通过查阅和分析历史资料，有以下几种说法较有道理。

第一种说法：中国舞狮源自汉朝。汉武帝年间通西域，张骞出使西域，狮子这种动物此时从外国输入。当招待西域使节到访时，设歌舞助兴。这些歌舞人员戴上面具装扮成鸟兽，但西域使者发现在扮演的这些鸟兽中独缺狮子。后经询问，方知当时中国尚未有狮子，后来西域使节便送了一对狮子给中国，并由训狮郎做训狮表演。这种训狮表演可能就是中国舞狮的前身。另据《汉书·西域传》中的描述，在汉朝时可能已有狮子舞出现。《汉书》卷九十六《西域传》写有："乌弋山国王有桃拔、师子、

犀牛。师子即狮子，此是百戏化装，非真兽。"由此可推知，在汉朝时西域狮子舞就很可能已经出现，但狮子舞何时从西域传入中原内地，文献中并无记载，故无法断定。

第二种说法：舞狮起源于三国时期，流行于南北朝。三国时期的魏国人、广陵亭侯孟康在《象人》中写道："若今戏如虾，狮子者也。"另外，北魏杨衒之在《洛阳伽蓝记》中记述："作六牙白象负释迦（佛像）……四月四日，此像常出，辟邪（兽名）、师（狮）子导引其前。"从此处可知，狮子不仅护法驱邪，而且还为佛开路引行。如果从形式上看，这种"导引其前"的狮子，极似现在的引狮郎，已经是略带有"舞"的形式了。由此可见，这一时期已开始出现文字记载舞狮的情形了，但仍不能确定其中所述情节就是现在意义上的舞狮。

第三种说法：根据史籍最早的记载，真正对"舞狮"的记述，应该是在《宋书·宗悫传》中："吾闻狮子威服百兽'，乃制其形，与象相御，象果惊奔，众因溃散，遂克林邑。"可见此时舞狮带有军事色彩在军中流行，后慢慢地流传于民间，成为舞狮子的始创。不过在当时并不称其为舞狮，而是称其为"太平乐"。在《旧唐书·音乐志》中有记载："太平乐，后周武帝时造，亦曰五方狮子舞，缀毛为狮，人居其中，像其俯仰驯狎之容。二人持绳秉拂，为习弄之状。五狮子各立其方位，百四十人歌太平乐。"按其描述的形式可知这种太平乐已和现代的舞狮极为相似了。[1]

综上所述，有关中国舞狮起源的说法有很多种，但大部均为史料推测或民间传说，不足为实据。我们可以大概推知，中国舞狮的起源约在汉末到魏晋之间，抑或更早。可以肯定的是，这项古代民间艺术早在南北朝时就已存在，而且舞狮到唐代后益加盛行，无论在宫廷、军营还是在民间，舞狮均为人们喜闻乐见的活动。

至今舞狮早已成为国人耳熟能详的民族传统体育项目。舞狮自古至

---

[1] 张延庆.中国舞狮的起源与文化演变[J],体育文化导刊，2013（11）：77—78

今，发展从未断流。从南到北，无论是民间村落、城镇广场还是各地庙会、戏台，它的身影最为常见，受到人民大众的普遍欢迎。舞狮经过历代的发展和演变，逐步成为中华民族独特的民族传统项目。最初常见于春节、元宵节、庙会等特殊节日。现在，舞狮变得更加常见，它不仅在一些传统节日和庙会出现，在各类庆典甚至婚庆等活动中也发展起来，不仅组织形式有所变化，它的组织地点、活动方式乃至表演技巧也变得多姿多样。

如今，不论华夏大地或是异国华人聚集地，逢年过节都会有舞狮来嬉闹一番。在我国，福建林坊、广东阳江、河北徐水、山西晋城、湖北黄陂、湖南长沙、广西田阳、广东遂溪乃至各少数民族地区都有独具地域特色的舞狮民俗。舞狮项目的足迹早已踏遍祖国大江南北，在世界范围的华人聚集地也是最受追捧的表演项目。可以说，中华舞狮运动发展至今，早已不单纯是民间的民俗表演形式，它已逐渐成为一种具有民族特色的舞狮运动文化。

探究其价值，一方面，传统舞狮运动作为中华传统体育项目，本身有着悠久的历史和广泛的群众基础，具有悠久的历史文化价值和传承价值。另一方面，舞狮不仅具有独特的艺术欣赏价值、文娱价值，又能强身健体，锻炼意志品质，同时起着弘扬民族精神，激励人们团结、前进、向上等诸多作用。另外，就生理价值分析：舞狮运动是一种比速度、比耐力、比技巧的体育运动。随着舞狮运动的广泛推广，越来越多的人将它作为一种健身、娱乐运动来参与，舞者随着鼓乐节奏，利用人体多种运动形式，在动态造型和静态造型中，将武术动作和舞蹈动作有机结合，将力量、速度、审美等体现在舞龙技巧当中，协同完成各种高雅优美的动作。研究表明：舞狮运动属于大负荷强度的有氧运动项目，可以有效地发展人体的有氧工作能力，提高呼吸肌机能，降低安静时心率，是一项能促进人体心肺功能发展、具有良好健身功效的运动项目。[1]

舞狮发展至今主要有两种不同风格的舞狮流派：北方舞狮、南方舞

---

[1] 史绍蓉，尹国臣，余汉桥等.舞龙运动的生理特征初探[J]，北京体育大学学报，2001，24（1）：36—44

狮。这两种不同的流派在舞狮用具、组织、技艺技巧乃至文化传统都有一定的差别。在沁河流域流行的舞狮运动主要属于北方舞狮，一些地区也掺杂南方舞狮的一些技巧或技艺，但整体属北狮一派。

当地舞狮主要活动方式和特点：大部分沿袭北方舞狮的特点，表演的动作有愕、怕、喜、爬、蹲、退、滚等；步法有马步、弓步、吊步、跳跃、翻腾、麒麟步等等，步法柔顺、活泼、灵巧、神采、愉快、轻盈；在技术方面注重于扑、跌、翻、滚、跳跃、擦痒等动作；表演的时候至少需要三人（狮头、狮尾、引狮员），在引狮员的引导下首尾融成一体，塑造一个夸张、浪漫的狮子艺术形象。

狮型多为头大嘴方，手呈金黄色。舞狮的头背分离，舞狮员身着"狮裤""狮被"，狮头尺寸较大，重量也较重，造型的效仿能力较强，追求以写实努力刻画狮子的原形，狮毛主要由纤维和犀牛尾制成，整体粗犷而宏伟。

舞狮是一种集武术、舞蹈、民族鼓乐于一体的传统体育项目。在过去，须具有较好的武术功底的人才能做舞狮队员，才能进行表演、竞技活动。但随着项目自身的演变与发展、价值以及舞狮运动的广泛推广，越来越多的人将它作为一种健身、娱乐运动参与进来。不管乡间村落还是城镇广场，不分专业舞者还是普通民众皆可参与，它不分性别、不分阶级等特点已使其逐步发展成为一项成熟的、全民参与的民俗活动。

现在农村生存方式的变化、乡村文化生态的变化以及过度开放的文化环境巨变等因素弱化了舞狮运动的传播和发展。娱乐方式的改变，使乡村的舞狮运动的创造者、参与者、观赏者日益减少。乡村文化生态的嬗变、封闭性传承系统的消解，使得舞狮运动发展的稳定性基础受到一定程度的冲击。我们必须延续近十几年来舞狮运动发展的良好势头，使其更贴近大众，更贴近人们的生活，如此我们才能将这项优秀的民俗文化不断传承下去、发展下去。

三、生活点滴　跃动青春

这条流淌在心中的河流，不仅孕育着丰富的炭、铁、硫黄等矿产资源，催生了当地商业的发展；孕育着肥沃的土地，促进了农业的发展，同时延续了精神文化的传承与保护。自古以来，生活在河道两岸的人们在农作之余，会选择多种休闲方式度过余暇。孩童们欢乐的嬉戏声搭乘着干净的阳光映入脑海，摔泥泡、赶蛋、跑强盗、斗蛐蛐、跳房子、坐轿轿、藏老母、挤暖暖、骑马打仗、斗鸡、拔河、踏青春游。在这片肥沃的土地上，在这条清澈的河流中，在这长满青苔的墙壁上，见证了一代又一代人孩童时代的欢声笑语。随着时光的流逝，儿时那曾经的欢愉、那悦动的青春，逐渐成为生活中记忆的点滴。

在这些日常生活中的游戏中，处处显现着古人的结晶，显现着沁河流域一带人对美好生活的向往之情，显现着对戎马天涯的崇拜之意。"摔泥泡"承接了古人关于"一方水土养一方人"的智慧，在如今"小公主""小皇帝"的娇生惯养的环境下，鼓励孩子亲近大自然，感受泥土的滋养；"赶蛋"延续了古人对"蹴鞠"的热爱，并由此联想到西方的曲棍球，感叹体育之融会贯通；"跑强盗"揭示沁河流域一带在过去的匪患问题，以及百姓对侵略者的厌恶；"斗蛐蛐"体现出沁河流域一带的人们与时俱进，虽是在京城颇为盛行，但此地消息也较为灵通；"跳房子"来自于西方国家的"跳飞机"，在游戏的图案绘制上的区别体现出在沁河一带，自古以来这里人对"家"的态度；"坐轿"有新娘嫁娶之意，是为一件喜事，将其纳入游戏中体现出人们对快乐的向往之情；"藏老母"其实质为"捉迷藏"，但具体玩法又有别于"捉迷藏"，从称法上可以看出，当地人多以"亲子互动"为主；"挤暖暖"在暖气遍布的城市中，已经淡出人们的视线，但也不由得明白，这里的冬日寒冷难耐，这里的校舍曾缺乏基本的保暖措施，校舍快要坍塌的墙角、墙壁上摩擦的痕迹足以证明了这一点；"骑马打仗"表现出当地人骁勇善战、勇敢果断的精神品格，对保护此地安居乐业的武将们的崇拜之情；"踏青春游"，此地依山傍水、风景优美，人们常会选择合适的时间相约结伴领略这沁河一带的风景名胜……

对"游戏"的理解可说是仁者见仁，智者见智。深入挖掘每一项游戏发现，在沁河流域孕育着的"游戏"是伴随着沁河一带历史的发展而变化的，这些游戏各有所长，既与全国各地的游戏具有相似之处，又从称谓上、玩法上、历史的演变中带上了"沁河"独有的标志，如前文所讲，这每一项游戏的背后，都会从不同角度反映着沁河的人、沁河的水、沁河的土地以及沁河的历史。凡是在这里长大的，不论身居高官也好，还是守着几亩农田也罢，只要问起这些游戏，无一不会陷入对过去童年的回忆，无一不在唏嘘青春之美好，无一不会感叹岁月之洗礼。这些项目有何历史考究？有何功能流变？有何文化意义？还请您翻开书本细细品读这每一项游戏背后的故事。

1. 泥巴之声：摔泥泡

摔泥泡，是早年孩子们洗澡时附带着玩的一种游戏，也是乡村间儿童常见聚在一起的最开心简便的玩法。如今随便问一个玩过此游戏的人，都会表达自己对其喜爱之情与怀念之意。这项游戏究竟起源于何时何地，现有资料并未查明，但据有关资料显示，其流行于20世纪70年代，主要集中于北方，据所查资料显示，以东北地区和华北地区较为典型，是如今许多中老年一代人儿时的美好回忆。其功能主要以娱乐、消遣为主，如今这项民间游

戏被纳入幼儿园健康活动课程中，主要集中在大班。在过去娱乐功能的基础上增加了教育的意义，发扬了中国传统体育文化，值得每一位教育工作

者学习。

但是，随着科学技术的迅猛发展，各种电子竞技游戏层出不穷，摔泥泡这项民俗游戏已经逐渐淡出人们的视野，人们最多只能对其进行怀念，但对于自己的孩子是绝不让去玩的，一方面担心衣物弄脏，另一方面担心泥土里有不干净的东西。审视当今的教育环境，学生体质连年下降，抑郁症、肥胖症等出现在孩子身上，部分家长是否需反省，让孩子们回归大自然，尽情地玩耍，给他们一片天空，一片土地，再摔个泥泡，装点他们的童年。

在沁河流域一带，摔泥泡深受孩子们的喜欢。先将黄土和成泥巴，在青石地板上糅合、摔打，使泥巴柔软光滑，再将其捏成碗状或牛槽状，然后将其口朝下使劲一摔，"啪"的一声震耳响，泥碗的底部会被炸飞。谁的泥泡越响谁赢。[1]沁河流域这一带，孩子们喜欢玩摔泥泡的游戏有两个原因：一是有大坑，大坑中有水，周围也有泥巴，这样和泥巴自然方便；二是在玩的过程中，可以淋漓尽致，因为大家彼此"赤诚相见"，所以不用顾忌身上、脸上、头发上被"嘣"泥水。即便是弄得面目全非，特别狼狈，跳到水里再洗个澡，回到家里也不会招来父母的责骂。

虽不受具有洁癖之人的推崇，但以科学角度看对孩子发展却是大有裨益的。首先从运动生理学角度看，（1）摔泥巴主要锻炼手臂的力量，因其在摔的过程中并非使蛮力，而是有计划有控制地摔，增加手臂的肌肉群，肌肉是人的健康之本，有效的肌肉运动可以遏制动脉血管功能的下降，动脉硬化便会得到缓解，在运动的过程中使用肌肉，而肌肉在运动中就会把人的内压维持在一个平衡状态上，从而锻炼身体；（2）改善肠胃功能。老人们常说，孩子玩土对身体好，也常有人说"不服水土"这样的话，通过与泥土的接触，有助于帮助孩子消化食物，改善体质。从心理角度看，（1）在娱乐过程中促进了人与人之间的交往，具有交流功能，（2）由于其在游戏中有着比赛的意味，可以培养孩子胜不骄败不馁的优

---

[1]　张星社.阳城民俗文化[M].太原：三晋出版社，373—374

秀品质，指导他们今后的生活。（3）制作泥泡是一个较为复杂的过程，需要不断地揉、捏，这样可以有效地培养孩子们的耐心。

在乡村，这项游戏多是孩子们自发玩耍，有个别的学校有时也有老师组织，如幼儿园大班的摔泥泡活动。摔泥泡之前，一定要把泥和好，反复搓捏，使其具有一定的韧性。两个人玩时，要将泥巴做成一个圆形，下面像窝头一样做一个洞，洞越大越好，上面的盖则越薄越好。实际上这才是个技术活，一般孩子都掌握不好。开摔之前，要把做好的泥泡举起来对着阳光给对方仔细看看，并要大声地向对方发问："泥泡泥泡漏不漏？"对方看过之后（看看有没有窟窿，有没有眼儿），大声地回答："不漏！"便可以开摔了。

摔泥泡，需要的不仅仅是蛮大力气，还需要把握好摔的角度和力度，对动作进行适当控制。否则，泥泡在向下摔的过程中极可能发生车歪变形，摔在地上时也会"哑火"而变成一摊牛屎饼，惹得小伙伴一阵哄然大笑。做得好的泥泡，泥巴和得不软不硬，泥窝的大小深浅适中。尤其是上面的盖做得很薄，但没有塌陷感。摔泥泡的时候要洞口朝下，朝着一块平整的木板或平坦的硬地上猛地用力摔。如果力量大小正好、角度适中，泥泡在接触地面的一瞬间，洞口内的空气就会强力冲破上面的薄泥层，而发出好大一声"膨"的声响，薄泥层就会被气流冲破，甚至飞出一些碎泥片，从而在泥泡的顶端留下一个窟窿，窟窿多大，对方就要乖乖地用多少黄泥给填上。这个环节，是成功者最得意、快乐的时候。最后，谁的黄泥给人家补没了，谁就算输了。另外的孩子就可以欢天喜地，庆祝胜利，那种快活的心情往往持续很久，有的场面也会跟随一辈子。游戏的乐趣在于比试手法与力量，也是一种交流思想感情的特殊方式。

2. 民间曲棍：赶蛋

赶蛋，顾名思义用木棍驱赶石头（鹅卵石）。这项民间游戏究竟始于何时，历史上没有详细记载，但就所查资料可知，其盛行于20世纪60年代，是许多如今古稀之人的美好回忆。赶蛋主要集中于北方地区，据所查资料可知，河南的安阳、河北的涉县以及山西的阳城均有分布，但具体玩法和名称又有些许区别。与如今的足球、曲棍球相类似，其历史是否来源于古代的蹴鞠或欧美国家的曲棍球，尚无史料证明，在这里只好做一个猜想。这项游戏通常受到许多男孩子的欢迎。常常就地取材，找一块场地，以树枝为棍，鹅卵石为蛋，天然坑为窝，通过一系列比赛规则进行玩耍，与如今的足球、曲棍球相比较，其设施相对落后，规则较为单一，缺乏公平性。据所查资料显示，目前赶蛋已经成为20世纪60年代人的回忆，如今孩子们在课余更喜欢类似的篮球、足球等项目，尽管"赶蛋"与其类似，但由于缺乏规范场地、规范木棍、规范的蛋，严重制约了这项民间体育项目的发展，这值得我们每一个人反思。为何同属于同场对抗性项目，国外的却比国内的更能受到国人认可呢？

在沁河流域一带，赶蛋也是当地人熟知的一项民间游戏，尤其受男孩子的欢迎，但由于近年来互联网的普及，当地的孩子已经不像过去一样，由于贫穷缺乏娱乐活动。这项民间游戏已经逐渐走向衰落。

然而这项逐渐没落的民间游戏却有着重要的历史文化意义，它传承了

古代劳动人民"尚武"的精神，表现出中国古代体育文化的繁荣性。从前多数观点认为中国古代体育文化由于受儒家思想的影响，追求"天人合一"，以太极拳、五禽戏等养生类的项目为主，而欧洲追求对大自然的征服，以足球、橄榄球、曲棍球等同场竞技性项目为主。然而"赶蛋"这一项目的存在告诉我们，中国古代体育项目种类繁杂，并不单纯只有养生为主的项目，这些如今在西方的主流项目在中国过去就已开始流行，中国也有同场竞技性项目，且拥有属于自身的比赛规则、场地以及设施。从运动生理学角度看，（1）有效改善呼吸系统的功能。赶蛋是集跑步与手臂运动于一身的项目。在跑步、赶蛋、发蛋等的过程中会加强呼吸的深度，从而吸进更多氧气，排出更多的二氧化碳，从而使肺活量增大，肺功能加强。这是由于主要的呼吸肌群（膈肌、肋间内外肌、肋提肌、上下后锯肌等）和呼吸辅助肌群（斜角肌、胸锁乳突肌、胸小肌、胸大肌等）加强收缩，并促进这些肌肉本身的发育，胸廓扩张，胸腔容积增大，肺泡发育良好，呼吸的力量增强，肺活量、肺通气量和吸（摄）氧量增大。（2）强化身体各部的骨骼。赶蛋是训练腿部和手臂的最佳运动。在不断运动的过程中，促进了新陈代谢，骨的血液供给得到了改善，骨的形态结构和机能都发生了良好的变化：骨密质增厚，使骨变粗，骨小梁的排列根据压力和拉力不同更加整齐而有规律，骨表面肌肉附着的突起更加明显。这些变化使骨变得更加粗壮和坚固，从而提高了骨的抗折、抗弯、抗压缩和抗扭转方面的功能。从心理角度看，（1）培养合作意识。在赶蛋的过程中，一队的人必须同心协力才可阻挡对方的进攻，如若没有这样的合作意识是不可能成功的。（2）培养坚强的品格。赶蛋这项游戏由于缺少各类护具，在孩子们玩耍的过程中存在安全隐患，磕碰在所难免，因此有利于培养其坚强的品格。

　　这里的人们通常自发组织，一般由多人参加。选一块开阔的土场地，玩家每人拿一根一把抓粗细的木棒，再选一个拳头大小表面光滑的石头或铁球为"蛋"，在场地中间挖一个半个篮球大小的坑为"窝"，在距窝2米左右围放几个石头为"桩"，桩的个数要比参加人数少一个。游戏开始时，参加人员每人要用木棒赶一次蛋，赶得最近的要去规定地方发蛋，往窝里赶。其他玩家作为庄家阻拦蛋进窝，随时准备往外击打。如进窝者发蛋进窝，或多次进窝，所有人就要抢占桩点（用木棒点到石头桩上即可），谁点不上桩谁就去赶蛋，轮番进行。[1]

除此之外，还有河南等地的玩法，现将其异同对比如下：

表3—1 各地赶蛋异同表

地区	名称	人数分配	人数	棍	蛋
山西阳城	桩、窝	一对多	3—5人	1.5米左右树木	鹅卵石1个
河北涉县	蛋坑	多对多	10人左右	1.5米左右树木	鹅卵石1个
河南安阳	小窑、老窑	一对多	3—5人	1.5米左右树木	鹅卵石1个
河南临淇	眼、老眼	一对多	3—5人	1.5米左右树木	鹅卵石1个

由此看出，这项游戏的人数分配，除河北涉县以外多以一对多为主，缺乏公平性，孩子玩前胜负已分，失去了竞争的乐趣。值得一提的是，这项游戏虽然具有强烈的竞技性，深受孩子们的欢迎，但是由于缺少相应的安全措施如护膝、护腕等，容易在玩耍中受伤，这是一项优秀的民间游戏项目，倘若能将比赛规则、配套设置进一步完善，将有很大的潜力。

3. 官兵捉盗：跑强盗

自古以来，"官兵捉强盗"的事情屡见不鲜，是官兵欺压百姓，鱼肉百姓；还是强盗眼红手痒，打家劫舍，这个问题自有定法，不做过多讨论。值得一提的是，民间根据此事将其变化为儿童游戏，丰富了许多人的童年生活。由此看出，"官兵捉强盗"这项民间游戏历时已久，据有关资

---

[1] 张星社.阳城民俗文化[M].太原：三晋出版社，373—374

料[1]显示其流行于20世纪60年代初，深受全国各地的欢迎。在过去，"官兵捉强盗"顾名思义，即官兵对威胁百姓安居乐业的强盗，进行追捕、捉拿，主要起"保障"作用。后来，人们将其变化为儿童游戏，主要起"娱乐"作用。

　　现如今，"官兵捉强盗"的游戏由于其充分的运动量，运动中较高的趣味性，深受老师、家长以及学生的喜欢，仍流行于全国各地，其中具有代表性的地区有南京、晋城等地，与之类似的有"警察抓小偷""好人抓坏蛋"等，尽管从游戏结果角度看，三者较为类似，都可以使孩子充分运动。但从游戏过程中看，由于"官兵"的特殊性，可使孩子体验到当首领的乐趣，以及在同伴被抓走后，营救同伴的责任感等，因此，这项游戏有别于其他两项，更受孩子们尤其是男孩子的欢迎。

---

[1]　江南时报.2004年7月9日第31版

　　在沁河流域一带，将"官兵抓强盗"称之为"跑强盗""捉强盗"，最少3人以上玩，通常在较为开阔的场地上进行，深受当地人的欢迎。但是，现如今由于各个家庭中的孩子金贵，再加上电脑、游戏厅的普及，时代变迁，许多民间游戏无法再现当年的辉煌，"官兵跑强盗"便是其中之一，使我们不无遗憾。

　　该游戏沿袭过去"官兵抓强盗"的现实情景，体现出战乱时期，老百姓对美好生活的向往，传承出一种渴望和平的文化意义。孩子通过模拟这类社会活动，很大程度地保护了我们国家古代文化传统，具有重要的文化传承的意义。运动生理学认为，现今，儿童基本上处于运动的饥饿状态。因此，必须补充有效的体能释放。在"跑强盗"这样你追我赶的跑步过程中使儿童得到充分运动。对于心血管、四肢、脊椎、内脏，以及全身性的运动器官的发育有很大帮助。对于腿部骨骼的生长、脊椎的生长、脑子生命中枢、肾上腺、淋巴系统、排汗系统、皮肤和上皮组织类的免疫防护的刺激是最有效的，从而提高儿童免疫力。从心理方面看，众所周知当今的孩子在每个家庭中都被视为"小皇帝""小公主"，小到衣食住行，大到入园学习一切都是包办，过分约束了孩子的手脚，限制了孩子的活动能力。在民间游戏——跑强盗中，给孩子留有表现自我、展现自我的平台，让孩子从一次一次的实践中获得经验，没有实践谈不上经验，实践中人为地给幼儿设置一定的挫折和困难。利用体育游戏训练幼儿勇敢精神，克服胆小怕事、依赖性强等弱点，培养独立意识，鼓励孩子勇于面对困难。

　　在沁河流域一带的规则：在较为开阔的场地上事先定一个"窝"点为大本营，再确定2—5个点为行营，先选一个人来捉强盗，其余的人全部为"强盗"。当"强盗"要从老窝跑出，按规定次序到每个行营跑一圈，最后回到老窝为一个回合。捉强盗者只能在"强盗"们跑出老窝或行营时才能去追，被捉者为输。然后双方变换角色，循环往复开始跑。在南京一带的规则游戏：由领头的2人将参加游戏的几个或十几个小男孩（拒绝女孩子加入）分为两边，一边为强盗，另一边则是官兵，各自选一棵大树或一根电线杆为大本营，强盗在事先约定的范围任意跑动，官兵的任务就是去抓这些强盗，只要在其身上拍到三下就为抓住，被抓住的强盗只能待在官兵的大本营里，即以手触及那棵树或那根电线杆为准。没有被抓住的强盗则可以去营救自己的伙伴，也是以拍其身上三下为准，被救下的强盗就可以重获自由。如果强盗全部被抓住，则是双方身份对换。

对比两地发现一些不同之处：第一，分配人数不同。在沁河流域一带，捉强盗者仅一人，强盗则为数人。但在南京一带，两队人数均衡，此玩法更为公平。第二，捉人方式不同。在沁河流域一带，捉人者只需碰到强盗衣物即算数，但在南京一带需在其身上拍到三下才作数，加大游戏难度。第三，游戏环节不同。在沁河流域一带，当捉强盗者将强盗捉住即为输，游戏结束。在南京一带，没有被抓住的强盗可以去营救自己的伙伴，也是以拍及身上三下为准。被救下的强盗可以重获自由。游戏方可继续，直至强盗全部被抓住，游戏结束。所增加的环节需要各队首领出谋划策，声东击西从而成功营救同伴，培养其团队合作意识。

此外，该游戏通常在课余时间，由老师带领，或学生自发组织，起到锻炼身体、促进健康的作用。在进行这项游戏时应注意，首领需要了解怎样埋伏、围捕、声东击西等，怎样使属下听从自己的命令，培养团队意识等问题。队员应互相配合，团结一致。

参与过"跑强盗"的人回忆道，这项游戏总要玩到天黑才回家，但总感觉不能尽兴，成为20世纪60年代人们的美好回忆。

4. 蛐蛐格斗：斗蛐蛐

斗蛐蛐，即斗蟋蟀，亦称"秋兴""斗促织"，即用蟋蟀相斗取乐的娱乐活动。斗蟋蟀是具有浓厚东方色彩的中国特有的文化生活，也是中国的艺术。蟋蟀从原先的听其声，发展到现在的观其斗，从这一微小的侧面，也反映了社会历史的变化。这一活动起源于哪个朝代，至今仍没有资料可以证明，日本多数学者认为是起源于唐代。但在宋代朝野内外大兴斗蟋蟀之风，并将"万金之资付于一啄"，已有史料证明。清代比赛越发讲

究，蟋蟀要求无"四病"（仰头、卷须、练牙、踢腿）；外观颜色也有尊卑之分，"白不如黑，黑不如赤，赤不如黄"。蟋蟀相斗，要挑重量与大小差不多的，用蒸熟后特制的日蔽草或马尾鬃引斗，让它们互相较量，几经交锋，败的退却，胜的张翅长鸣。旧时城镇、集市，多有斗蟋蟀的赌场。但是在"文化大革命"时期，这项活动同麻将等活动集体遭禁，随着改革开放以来，

人们在"崇尚传统休闲"风潮的影响下，这项活动又开始受到多数人的喜欢，其中以男性居多。总之，这项活动自兴起之后，至今已有八九百年，始终受到人们的广泛喜爱，长兴不衰。[1]

在中国古代，斗蛐蛐是民间的一种取乐游戏，现如今，人们或多或少存在怀旧情结，闲暇时间的"斗蛐蛐"取乐便成为一种休闲的生活方式，据有关专家介绍，历史上扬州与杭州、绍兴、安徽并列为斗蟋四大胜地。现在斗蛐蛐在北京、天津、上海等地很风靡，如今，不少扬州人都跑到上海、浙江去参加各类比赛。斗蛐蛐的组织方式分为民间和官方两种，从2010年开始，官方举办了"全国蟋蟀邀请赛"分别在南京等地开展，受到玩家的热烈欢迎。但是，"斗蛐蛐"呈边缘化的趋势受到许多玩家的重视。斗蛐蛐玩家的年龄一般在40岁到70岁之间，30岁以下的专业玩家较少。目前，专业玩家越来越少，在"蟋蟀老城——扬州"仅有10名左右。

---

[1]　斗蛐蛐起源于何时[J].文史博览，2011，10

42岁的陈海松在扬州一家国企上班，专业养蟋已有近30年的历史，他介绍："20世纪80年代末，扬州专业斗蟋玩家还有近千人，但目前已不足百人。"值得一提的是，人们利用这种方式产生地下非法活动，吸引了大量赌注，如江苏一带蛐蛐主人每次下注1万，赌注超百万，严重制约了蟋蟀市场。长此以往，再过几十年，"斗蛐蛐"这项中国的民间艺术是否在这物欲横流的社会中因恶意炒作、环境破坏等原因逐渐消失殆尽了呢？

　　尽管"斗蛐蛐"这项活动在南方较为流行。但在北方沁河流域一带，"斗蛐蛐"也是人们日常生活中的休闲方式之一，《阳城民俗文化》对当地斗蛐蛐有详细介绍。"古人用'琴棋书画、花鸟鱼虫'来陶冶情操，这里的'虫'主要指的就是斗蟋蟀。"[1]因此，"斗蛐蛐"这一项目通过上千年的历史，传承了古代民间的休闲体育文化，沿传至今。是一种人与自然交流的文化形式，也是一种修身养性的娱乐活动。从运动生理学角度看，"斗蛐蛐"对人而言有三大好处，其一，丰富了当地人的日常生活。沁河流域一带在过去较为贫困，经济落后，人们在这样的艰苦生活中，有了"斗蛐蛐"这一游戏相伴，不论大人还是小孩，都使其内心得到了片刻的欢愉。其二，促进了人们之间的情感交流。斗蛐蛐是一项集体活动，不仅有参与的，还有观赛的，通过两只小动物的争斗，加强了人与人之间的交流。现今不少玩家还认为，"斗蛐蛐"是一项加强兄弟感情和良性竞争的活动。其三，为过去的生活增添了美好回忆。"斗蛐蛐"并非现今才有，它已拥有上千年的历史，一位退休老教师说："它使我们想起童年时代。"无论叫声还是争斗，它一直是中国文化中诗歌、绘画、逸闻趣事的主角之一。

　　生活在沁河流域的人们，闲时三五成群地聚集在一起斗蛐蛐时，先用蟋蟀草（俗名蛐蛐探子）伸入笼或罐中撩拨蛐蛐，以招其怒。蛐蛐到了斗盆里，主人就用探子引诱两只蛐蛐见面相斗。两只蛐蛐在拼搏中，攻守兼备，忽而昂首向前，忽而退后防守，场面十分有意思。如一方斗败要跑，

---

[1]　扬州人执哨全国蟋蟀大赛[N]，扬州晚报，2013.11.4

用衔草引回再斗，三个回合后都跑了就算输。此时胜者昂首长鸣，败者落荒而逃。[1]

5. 格格得分：跳格

跳房子，一种流行于20世纪50年代至80年代的儿童游戏，也称跳方阵、跳方格、跳格子，香港称为跳飞机。由于"跳房子"是用一条腿支撑跳动，故青海等地俗称"瘸房房"，玩家在地面画定的图上跳动。地上的图形通常为双翼式飞机的形状，有些地方则是画成房子的形状，游戏因而得名，也有单纯只在长方形内画上格子。图形分为若干格子（通常有九格），每格有一个数字。参加游戏者须依次按数字跳过所有格子。从纵向的历史角度看，跳房子是古老的游戏，曾经在罗马时代遗留下来的镶嵌地面上的图案，就与"跳房子"的图案非常相似。从横向的世界范围看，跳

[1] 张星社.阳城民俗文化[M].太原：三晋出版社，372—373

房子是一种世界性的儿童游戏。在关于18世纪欧洲的电影里曾经有过"跳房子"的影子，同时在现实生活中，这也是风靡中国的儿童游戏之一。只是对于世界各地的儿童来说，大家所画的房子形状和数量的组合各有不同罢了。跳房子由国外引进，历史久远，至今仍活跃于儿童日常的生活中，丰富了他们的童年。

过去的女孩子通常用一只沙包（或一块瓦片）来作为游戏的用具，先将沙包扔到指定地点，然后通过飞檐走壁、跳跃、穿房跃脊等方式，把沙包拾回来便算是成功。有时一边玩她们还一边唱："正月十五黑咕隆咚，树枝不动刮大风，刮得面包吃牛奶，刮得火车上天空……"现如今"跳房子"演变成多种类型：（1）更新道具，一些商家针对"跳房子"图案的设计，打破传统的图案形式，运用了不同的圆的不规则排列来代替原先的方格。另外，传统的"跳房子"是随意地画在地面上，从环保的角度考虑，在设计中运用了拼拆的连接方式进行安装，方便了玩耍者的使用，从而很好地解决了保持地面洁净的问题。简洁的图案，不规则的排列，黑与红的完美搭配，使"跳房子"这个简单而有趣的游戏，展现了它的新活力。（2）演变为数学题，部分数学老师为了体现"寓教于乐"的思想，将"跳房子"的游戏演变为数学题，完美地将"数学"与"体育"结合在一起，如第十五届江苏省初中数学竞赛初二第一试有一道跳格游戏：人从格外只能进入第1格，在格中，每次可向前跳1格或2格，那么，人从格外跳到第6格可以有几种方法？（3）更新跳法，区别于过去的跳法，有的学者根据不同年龄段，制定出符合儿童机体发育的新跳法，如惠成仁在《新式跳方格游戏》中设计的游戏是在原跳方格的基础上，扩展到各种角度变换跳，增加难度和远度的速度跳。由于学生年龄的增长，方格的难度也在增加。这套方格可根据场地情况随时改变方格的形式，增加了跳方格的趣味性、灵活性和各年龄段的适应性。此游戏在实践中，深受师生欢迎。

在沁河流域一带，将"跳房子"叫作"跳圪"，主要是女孩子参与的游戏。在平坦的地方画上方格，把玩游戏的人分成两队开始比赛。这项生长于欧洲的游戏，在沁河流域的土地上成长已久，现如今已经被认为是当地的民间游戏之一，深受当地老百姓和小朋友的热爱。

"跳房子"是从罗马时期就遗存下来的儿童游戏，它镶嵌在地面上的图案为后代人传承和发扬儿童游戏做出了贡献，这些图案是古代人智慧的结晶，记载了罗马人的余暇生活，传承了他们对生活的热爱之情。从运动医学角度看，这项游戏有利于增强肢体肌肉关节机能，锻炼身体的灵活性和协调性，保持、训练身体的平衡能力和弹跳能力。从心理方面看，有利于培养机智、果断的意志品质，在集体中培养集体意识和团结奋斗的精神。

在沁河流域一带，仍然沿袭着传统"跳房子"的方法，用具需要：粉笔、扁平小石块或布沙袋。首先用粉笔在地面上画出房子，房子里的格子组合可自由设计，再由近至远依序写上数字，最后一格是天堂。然后在距离第一格适当位置处，画一条线作为起跳点。最后大家猜拳排定跳的顺序。布沙袋最好每人一只，以3~5人一起玩耍为宜。通常在课余时间、假期展开游戏。

具体跳法分单人玩和双人玩。单人玩法是：开始把布缝制的包子或算盘子等物扔到第一格内，然后单脚跳入，用脚把布包提出，这是跳一；跳一结束后把布包扔到第二格，然后单脚跳入第一格、第二格，再一脚把布包踢出第一格；同理还可跳三跳四。双人玩法是：先按单人玩法玩，然后交叉扔到另一人的格子玩。跳时脚踩线、布包未扔到或踢到目的地都属犯规，则停跳，由对方进行。按规定先跳完者为赢家。[1]

香港的"跳飞机"游戏玩法如下：玩者首先把一条手链（有时会以其他差不多体积的物件取代）抛进第一格，然后拾起。之后，玩者把手链抛进第二和第三格，然后单脚跳入第一格，然后到手链之前的一格，再把手链拾起。第四、五格及第七、八格是一对并排的机翼。玩者在拾被抛入第六格或第九格的手链时，可双脚分站在两格之内。到拾第九格的机头时，玩者在踏进第七、八格之后，要跳起转身背向机头，然后把手伸往身后摸索手链。玩家做错动作、抛出界或失去平衡，均算输，下次玩时，则要从

---

[1]　张星社.阳城民俗文化[M].太原：三晋出版社，376

上次失手的地方开始。

对比两地的活动方式，尽管两地有诸多共同之处，如同为单脚跳，同为儿童游戏，同样需要借助用具进行，但仍然存在一些不同之处：首先，在沁河流域一带辅助用具通常是沙包，而在香港地区辅助用具是手链。其次，跳的形状不同，这在名称上有所体现，在沁河流域一带将其画为"房子"（这一点有待实地考证），而在香港地区将其画为"飞机"。这可能是由于两地经济、文化不同所导致的，在沁河流域一带，当地人多以"家庭"为主要单位进行活动。因此，在孩子的游戏中就沿袭了这一观点，以"房子"的形式表现出来。而作为曾经英国殖民地的香港特别行政区，对外来思想引进较多，科技型产业接触较早，从而在儿童游戏中以"飞机"的形式体现出儿童对科技的好奇之心与向往之情。

对于经常参加跳格的孩子来说，有助于其各方面的能力的培养，增强抵抗力，加强人际间的交流与互动，为形成沁河流域文化的画卷，画下快乐、健康的一笔。

附："跳房子"游戏种类（六种）

玩法一：跳六格房

以3~5人游戏为宜，首先排定游戏顺序，游戏开始，先由第一人将布沙袋抛进第一格，用单脚跳跳进第一格，跳房子接着用单脚将布沙袋踢进第二格，然后用双脚跳进第二格，再将布沙袋双脚夹进第三格，接着用单脚跳进第三格，这样单脚、双脚地交替踢布沙袋，直到布沙袋踢出第六格，双脚跳出第六格，算一次成功，可得10分，然后再从第一格重新做起。若在某格失误，可在下一轮时，从失误格做起。几轮以后，以得分最多者为第一名，以此类推。

玩法二：跳梅花房

将参加者分为人数相等的两组，每人准备沙包一个。分别在第一圆和第六圆外面站好：先规定几种跳法。开始时，先由各组第一人按第一种方法，分别从1、2、3、4、5、6或6、5、4、3、2、1的顺序跳。成功后，可得10分，若失败，退下来。然后各组第二人按第二种方法跳，以此类推，得分多的一组为冠军。

玩法三：

1.站在起跳之处，将小石块设法丢进数字1的格子里，丢进去就可以开始跳。小石块一定丢进方格子里才有资格起跳，不然是连跳都不能跳的。2.单脚（另一脚弯起）跳进数字2的格子，然后依格子数一直单脚跳到最后的天堂。跳的过程中脚不可以落地，一落地就是违反规则，不能再跳，只能等下一轮。但是途中如果经过并排横列的格子以及天堂时，可以双脚着地休息。3.以单脚跳方式由天堂再依序往回跳。4.跳回到格子2时，弯身捡起格子1中的小石块，接着再依序跳回起点。5.接着再将小石块丢向数字2的格子里，丢进了就重复第一次的动作，若没丢准或是犯规就换下一个人玩，以此类推，从近及远，依次向前。6.如果石块或是脚，不小心越界或压在线上，就算犯规，必须停跳，让给下一个人，等又轮到自己，再从犯规的格子继续跳下去。7.等全部格子跳完之后，就有权利盖房子了。方法是背向把碎片掷入任何一个空格内，该房子即属于你，写上自己的名字或代号之后，其他的人在跳跃前进时就须跳过此格，不可以落脚在你的房子内，但是家的主人却可以两脚并立。8.全部房子都被盖完之后，拥有最多间房子的人就算是大赢家了。

玩法四：

1.和第一种玩法大致类似，只是必须单脚踢着石块前进。2.先把石子瓦片掷向第一格，然后单脚把它踢入第二格，紧接着单脚跟进，再把石块踢入第三格内，如此一直继续下去，直到犯规为止。

6. 上错花轿：坐轿

坐轿，又称为抬花轿、坐花轿，是一种民间游戏。其原本是指新娘出嫁时，所乘坐的花轿。在此有一典故：早先，不论是大家闺秀出阁，还是

小家碧玉出嫁，都不坐轿，而是骑着
毛驴去夫家成亲。大姑娘出嫁坐花
轿的习俗，是清朝乾隆二十年后的
事了。乾隆皇帝巡视河南中牟县留
下了"大姑娘坐轿头一回"的千古美
谈。 清朝乾隆二十年，因巡视黄河
的筑堤情况，乾隆皇帝来到了河南。
在郑州市东面的中牟县，乾隆满面春
风，信步而行，他在这里拜谒先贤胜
迹，赏览民间风情，体察乡野民风，
兴致很高。这天，乾隆伫立在中牟县
衙外面的一个池塘前面，看着池塘

里荷花盈盈，荷叶田田，清香弥漫，池塘旁边又有垂柳依依，清风细细，
不觉心醉神驰，就随口吟诵起了北宋大文学家欧阳修吟咏西湖的诗："菡
萏香清画舸浮，使君不复忆杭州。都将二十四桥月，换得西湖十顷秋。"
说来也巧，就在乾隆沉醉在诗情画意中的时候，正好迎面走来一支迎亲队
伍，吹吹打打，鞭炮响亮，披红挂彩，笑声不断，热闹非凡。原来，今天
是县城里有名的才女刘若莲小姐出嫁的日子，正好从县衙门前经过，还正
好遇到了乾隆皇帝。因为有皇上在此停留，是不能冒犯的，所以，衙役命
令迎亲的队伍让路，若莲坐在毛驴上一听让自己让路，坚决不答应。衙役
大声说："皇上在此，小小民女快快让路。"若莲十分平静且理直气壮地
说："婚姻大事，一生只有一次，在这良辰吉日，就是遇到当今皇上，俺
也不会让路的！"乾隆皇帝听闻这些话，心里暗暗称奇，他没有想到小小
的中牟县竟然有如此有个性的女子，就走上前去，只见毛驴上坐着一个如
花似玉的大姑娘，她妩媚多姿，俏丽动人。乾隆看了若莲一会儿，笑了，
说："你不让路也可以，但我有个条件。"若莲问："什么条件？"乾隆
说："我出一副上联，你对一副下联，对完下联之后，你再作一首诗。如
果你下联对得好，诗又作得好，我不仅不治你冒犯君王之罪，还让你坐我

的轿子送你到夫家成亲，你看怎么样？"若莲听了乾隆的话，微微一笑："一言为定，请出上联。"乾隆稍微沉思了一下，说道："这上联是：塘中荷花，疯蝶硬要采。"若莲听了上联，立刻对道："画上仙女，狂生却难求。"乾隆一听，拍手赞赏说："对得好！对得好！小姐，再请你以黄河岸边卧着的那个铁水牛为题，作一首诗如何？"若莲出生在书香门第，自幼饱读诗书，吟诗作画十分擅长。所以，她想了一下，不慌不忙地吟出了一首诗："康熙令铸一铁牛，置堤镇水几十秋。狂风拂拂无毛动，细雨霏霏有汗流。青草河水难进口，无绳勒索却昂头。牧童有力牵不去，千年万载永驻留。"乾隆一听这首诗，大喜过望，他大声说："小姐不仅容貌娴雅，气质超群，而且才思敏捷，诗情不俗，小小中牟能有此才女，真是不可多得！不可多得！"然后，乾隆亲自为若莲掀起轿帘，请她上轿，并御笔亲书"大姑娘坐轿头一回"几个大字，赏给若莲，以示褒奖。从此以后，大姑娘出嫁就开始坐轿了。[1]

后人根据这一历史溯源，部分戏曲艺术家根据这一典故，将其编为戏剧、舞蹈等多种形式，无不体现出在历史的长河中，"坐花轿"纷繁的变化形式。还有智者将其变化为一种儿童游戏，由三人为一组，其中两人为轿夫，一人为新娘子。轿夫嘴里哼着嫁娶时的音乐，由于改变手臂的位置，产生摇晃，使坐轿人乐在其中。本文便以介绍这项"坐轿"的游戏为主。

"坐轿"又名抬花轿、坐轿子等，流行于全国各地，但具体玩法无明显区别。现今主要运用于幼儿园中，将三人分为一组，进行抬花轿比赛。这个游戏不需要道具，也不需要场地，只要找齐三个人就可以开玩。但由于游戏比较平淡，没有什么刺激，做多几次就觉得索然无味，多以男孩子玩为主。

在沁河流域一带，"坐轿"是孩子们日常玩的游戏之一，也是大人与

---

[1] 王吴军.乾隆皇帝和大姑娘坐轿[J].民间文学（故事），2011.2.15

孩子互动的亲子游戏之一，至今仍然深受当地人的欢迎。通常在课余时间、假期由孩子们自发，或者家长、老师组织展开游戏。这一民间游戏是从婚礼嫁娶中凝练而成的游戏，游戏本身传承了古代人们对喜事的喜悦之情和对美好生活的向往之意。甚至以戏剧、舞蹈等多种形式表达自己的欢乐心情。从运动医学角度看，有助于培养抬轿者的手臂力量以及坐轿者的平衡能力，可以活动到机体的各部位，加强力量。从心理方面看，有助于培养青少年吃苦精神、挫折教育、合作意识等等。抬花轿是我国民间古代的婚俗，通过这一活动不仅可以使幼儿对这一风俗有所了解，而且培养幼儿间的合作意识和合作能力，体验与同伴合作的乐趣。

当地的玩法的活动方式为两个小孩双手一次握住手腕坐轿，年龄稍小点的小孩叉腿坐在他们的手臂上，行进时，两人要将坐轿者抬起，双脚离地，然后按照骑马的规则玩耍。这种方法初期由于颠簸、摇晃等使玩者感到乐趣，但时间一长，这项乐趣也就淡化了。[1]

在其他地区玩法不同于此，即将其编为合作竞赛游戏，具体玩法如下：（1）幼儿分成二队，每队中三人自由组合，扮新娘者盖头巾，每队确定一种抬轿方式。（2）各队做好准备，听口令第一组幼儿出发后，抬轿人把新娘抬到新郎家，拿着红包原地返回，坐轿人拍第二组幼儿的肩，第二组出发，游戏依次进行，先到者获胜。（3）各队轮换游戏方式反复进行。

对比当地与其他地区的异同，后者更具有趣味性，有利于带动孩子们参加此项游戏的积极性，游戏结束后，可为他们带来成功感和喜悦感。在今后的"坐轿"游戏中，我们应站在传统的肩膀上，来适应新的时代，使其更加符合儿童的心理特点，从而促使民间游戏发扬光大。

---

[1] 张星社.阳城民俗文化[M].太原：三晋出版社，314

7. 你藏我找：藏老母

"出来吧，出来吧，我已经看到你了，出来吧！"任何人都不会对这句话陌生，在我们对于童年的记忆中总少不了几个曾经无数次玩过的游戏，"捉迷藏"就是其中之一。它是我国从古至今流传于民间的传统幼儿游戏，在全国各地均可见到幼儿在玩。但在不同的地区有不同叫法，有人称其为"藏猫儿""逮人儿"，也有人把它叫作"躲猫猫""藏老蒙"等等。[1]现如今，类似"藏老母"的游戏，仍是孩子们热衷的游戏之一，是孩子们课间和假期的一项娱乐活动，主要集中在3~10岁的孩子之间。孩子们在这项游戏中不断地经历"寻找"与"被寻找"的刺激感，直到尽兴方休。但是由于近年来科学技术的飞速发展，电子竞技游戏逐渐渗透进孩子们的生活当中，"藏老母"的游戏开始逐渐被人们淡忘，这点值得我们引以为戒。"捉迷藏"分布于全国各地，但在各地的称法不尽相同。其中沁河流域一带将其称为"藏老母"，主要在山西省晋城市内，其中以阳城县最为出名，保护最为完整。

在沁河流域一带的地区将"捉迷藏"演变成了一种自己的玩法——"藏老母"。这种游戏的演变不仅体现在名称上，还体现在具体玩法上。由两人的游戏转变为三人或三人以上进行，在寻找的过程中，有固定的口诀，从而代替了"出来吧，我已经看到你了"这样的白话，例如在晋城的阳城县内会喊："老母老母回家来，我家的小驴出去了。"[2]大大增加了游戏的复杂性和趣味性，同时也体现出亲子之间的互动，为许多人的童年留下了美好的回忆。

"藏老母"本身是一个"藏"与"找"的游戏，此游戏属于民间游戏的组成部分，它区别于放风筝、斗蛐蛐等民间游戏，可以在任何时间、任

---

[1] 李婷，卢清.民间游戏对幼儿身心发展的教育价值——以"捉迷藏"游戏为例，文史博览（理论）[J].2013，3

[2] 张星社.阳城民俗文化[M].太原：三晋出版社，374—375

何地点，不需要任何游戏材料便可展开游戏，最重要的一点是它可以轻而
易举地吸引孩子，并快乐地玩耍。因此，"藏老母"对民间游戏的传承与
保护具有重要的文化意义。除此之外，这项游戏可以锻炼孩子各方面的能
力，（1）表现在生理方面的有：听觉能力、观察能力以及机体行动能力
等。寻找的孩子应提前观察周围情况，判断有哪些可藏之处，其次根据声
音的来源，敏锐地观察判断对手所在位置。躲藏的孩子，要在对手蒙眼的
时间内，以最快速的机体行动能力藏起，同时应对机体有较好的控制力，
避免发出较大的响声被对手听到。（2）在寻找过程中，孩子心理方面的
紧张感与刺激感是其他游戏所无法替代的。"找"的孩子应当通过一些心
理战术，如在未知的情况下大喊"出来吧，我已经看到你了"从而诱使对
方上当，并带来成就感。"藏"的孩子应当在藏的过程中，不被对方的脚
步声、说话声等蒙骗而担心，主动暴露在对方面前。（3）在文化学习方
面，有助于文化学习的提高。在"藏"与"找"的过程中，要求对视觉与

听觉方面有极高的注意力，这一点同样用于文化课老师的教学中，有助于提高学生的学习效率；再者通过劳逸结合，在紧张的文化课学习后进行游戏的玩耍，可以提高课堂效率，对学生的文化课学习具有重大意义。在沁河流域一带的当地人，不论走多远，成长了多少，都不会忘记儿时陪伴过他们的游戏——藏老母。（4）就集体而言，"藏老母"是由三人或三人以上组成的游戏，这几人中有一个共同的目标便是玩"藏老母"的游戏，因此可以称之为一个集体。从集体角度探寻"藏老母"的文化意义，具有较高的价值。在游戏过程中，难免出现"一直找不到"或者"一藏就被找到"的情况，面对这种情况儿童容易产生挫败感。在这时，其他儿童进行安慰、劝说，再加上儿童本身的好奇心，会很快加入队伍，进行玩耍，"藏老母"的集体功能就此体现。此外它还将当地的孩子集合在一起，促进了孩子之间的交流，孩子们之间的欢声笑语，有利于促进当地和谐发展。"捉迷藏"游戏在各地玩法略有不同，在此介绍一般玩法和沁河流域的玩法：

（1）一般玩法：捉迷藏游戏适合两人以上的幼儿一起玩，通过协商、排序、抓间、黑面白面（手心手背）与石头、剪刀、布等方法找出一个儿童做"寻找别人的人"（称寻找者或捕捉者）。另一儿童则用手绢或布条蒙住寻找者的眼睛，让其面对墙壁背对大家数数。一般数到100，在寻找者数数的同时，其余的儿童则分别找地方想尽一切办法隐藏好自己（即躲起来作被逮者）不被找到。当被蒙眼的儿童数到100时，就可拿掉蒙眼睛的手绢，去寻找藏在各个角落里的儿童。如果找的人把隐藏的儿童全部找到，那么寻找者就赢了，被找到的人就要代替被蒙的人继续游戏；如果寻找者一直找不到隐藏的儿童，而是他自己出来的，那么隐藏的儿童就赢了。游戏换寻找的人重新开始……[1]

（2）沁河流域"藏老母"的玩法："藏老母"的组织方式与"捉迷

[1] 李婷，卢清.民间游戏对幼儿身心发展的教育价值——以"捉迷藏"游戏为例，文史博览（理论）[J].2013，3

藏"略微不同，以阳城县为例，一般由三个或三个以上人参加。玩者首先要选定一个地域范围，不能超出这个圈子，游戏开始，所有人要集中在一个中心点，定一人坐庄，一个人找人。先由庄家将找人者双眼捂住，其余的人分别自找隐蔽处藏好，然后庄家放手，让他去一个个寻找隐藏者，先抓到谁谁就是下一个找人的人。如果是大人和年幼的小孩子玩，大人还要念口诀："老母老母回家来，我家的小驴出去了。"这样寻找乐趣，消磨时光。[1]

现如今，亲子之间的互动受到越来越多的人的关注，可从民间的游戏——藏老母中发现，亲子间的活动不仅局限于课外培训班、拓展训练等，在我们本土就有许多诸如此类的活动。在商业化的今天，切勿将这些宝贵的民间游戏抛弃，它是中国民间游戏文化的传承。

"藏老母"的特别之处在于其在游戏过程中不需要任何游戏材料辅助，而在具体的技术方法中主要集中在两点：第一，耐心。"找"的孩子不因长时间找不到而放弃，"藏"的孩子不因自以为快要找到而主动投降。因此要耐心寻找和耐心等待。第二，细心。"找"的孩子应细心地寻找每一个可藏身的角落，用耳朵搜索每一处发出来的声音；"藏"的孩子应细心地听对方的脚步声、说话声，判断其距离自己的远近及方位。第三，开心。游戏的最终目的是要确保每一位参与的孩子开心，因此，在活动中应明确输赢是其次，开心为首位。

孩子们在"藏老母"的游戏中对文化课学习、生理以及心理方面都有重要的意义，因此对常参与此游戏的孩子来说，对他们的生活状态起到了不小的作用。在学习上，其上课的注意力得到改善；在日常生活中，其身体各部位得到了锻炼，孩子在游戏中体会到了快乐，拥有了童年的美好回忆和对生活的美好向往。

---

[1] 张星社.阳城民俗文化[M].太原：三晋出版社，374—375

8. 共同取暖：挤暖暖

"挤暖暖"主要集中在北方一带，其中以陕西的陕北一带以及山西的沁河流域一带较为盛行。这主要受北方冬天气候寒冷的影响，而部分地区土地贫瘠，经济发展落后，一些学校缺少基本的保暖设施，可想而知在一堂课结束后，孩子们有多寒冷。朱敏在《劳动者》中提到："乡下的冬天似乎特别长，班里的学生也不多，空旷旷的教室只有一架土炉子装模作样地搁置在那里。每节课上，手都冻得通红，除了翻书，一直抄在口袋里。如果老师让写字，僵硬的手指常常握不住笔。"[1]而"挤暖暖"的游戏便是孩子们利用课余时间进行的游戏之一，可以很好地对抗严寒，为下一节课做热身准备。张文娟在《面向学校的陕西省民族传统体育项目资源库的构建研究》中将"挤暖暖"归为陕西省小学的体育项目资源。由此可见，尽管科学技术发展越来越快，教室的保暖设施也已经焕然一新，但作为民间游戏之一的"挤暖暖"仍有其存在的价值，它的功能已经逐渐由"抵御严寒"向"强身健体"转变。

"挤暖暖"作为民间游戏的一分子，尽管其功能已经开始转变，但是由于国外电子竞技游戏的入侵，这一传统民间游戏受到忽略，逐渐呈现消亡的现象，在笔者对其资料进行收集时发现，相关文献、图片以及视频资料较少，在问及当地人们对这一游戏的了解时，也仅有少数人知道。人们对"挤暖暖"的认识大都集中在回忆中，回忆其童年趣事，缺少现实生活的审视，潜意识中认为"挤暖暖"已经不适合当今社会的发展。因此，民间游戏的传承与保护势在必行。

沁河流域一带属暖温带湿润大陆性季风气候区，受大陆性季风影响强盛而持久，主要特点是：四季分明，冬长夏短，雨热同季。尤其在冬季又冷又长，寡照多风。过去在此一带，部分地区经济落后，保暖措施不到

---

[1] 朱敏，挤暖暖[S]，劳动者报，2014.5.12

位，一些学校中孩子们利用课余十分钟"挤"在一起，以此来互相取暖，"挤暖暖"的民间游戏便由此诞生。随着社会越来越快地发展，科学技术的进步，这些地区的人们告别了简陋的学习环境。现今的孩子们不必依靠相互的体温通过拥挤来取暖，"挤暖暖"淡出了校园生活。但儿时"挤暖暖"的情景，已经停留在当地人深深的脑海中，因为这种游戏，曾在寒冷的冬季，给过他们一份难得的暖意。

　　这项停留在人们脑海中的游戏，从运动生理学角度看来，不仅仅是一份美好回忆，更有助于孩子们体格的健康成长。孩子们在"挤"的过程中，为了防止掉队或者被挤出去，就必须用更大的力量向中间挤去，因此就生理方面而言，使其身体自身的力量得到锻炼，力量训练具有较大的好处，如延缓衰老、减少肥胖、减少损伤和疼痛、美化身体、改进姿态、精力充沛以及增加骨密度等。同时在心理方面得到锻炼，在"挤"的过程中，对于力气大的孩子来说是具有一定优势的，有助于培养其自信心。相反的，对于处于劣势的孩子来说，可认为是挫折教育，有助于培养其面对挫折的勇气和坚持不懈的精神。通过大家在一起挤暖暖，可以享受到团队合作的快乐，让大家在轻松的氛围中增进同学间的友谊，并真正让你融入这个团结的班集体，就像麦迪说过"Team is five"。所以你会学到很多东西，团结就是力量。此外，由于孩子们对"挤暖暖"的热衷，促进了大家之间的交流，有助于人与人之间的和谐，形成了独特的沁河流域的游戏文化。

这项游戏通常在寒冷的冬天，一节课45分钟后的课间十分钟展开。对于缺少保暖设施的孩子们来说，这十分钟是他们最宝贵的热身与玩耍时间。由多人参加，大多数参加者为男生，以一面墙为辅助，是一项集体民间游戏。在这项集体游戏中不必担心作弊、犯规，也没有裁判，更没有任何游戏道具，唯一可以凭借的就是自己的力量。具体的活动方式有两种：

（1）仅有一个队伍挤暖暖。在有太阳的时候，寻一个直角墙角场地，依次靠到墙角上，再一个个一字排开挤上去，都用劲儿向墙角挤，中间谁被挤出，到队尾重新加入，以此取暖取乐。[1]（2）两个队伍向中间挤暖暖。在有太阳的时候，孩子们习惯在围墙下晒太阳，晒着不过瘾就一起靠墙开始"挤暖暖"。大家靠墙站成一排，一般七八个、十多个人不等为一组，形成两个队伍。与拔河相反，两个队伍不向外用力而是向里使劲。

经常参加"挤暖暖"的孩子们个个身强体壮，面色红润，在应对寒冷的冬天时有很好的抵抗力，感冒发烧的症状少见。在一起拥挤的过程中，加强了孩子们之间的交流，拉近了彼此的距离，发泄了成长过程中的许多困惑，是民间游戏的重要组成部分。

9. 儿时战场：骑马打仗

中国古代一些特殊的历史时期，战事频繁，人们打仗凭借的不仅是粮草，还有对战马的需求，尤其对于北方游牧民族而言。随着历史的变更，

---

[1] 张星社.阳城民俗文化[M].太原：三晋出版社，374

朝代的更迭，"骑马打仗"从战场上转向了民间儿童的娱乐场所中来。这一游戏对于多数男性而言并不陌生，它也属于我国传统民间游戏。究其历史，应在唐朝便开始流行。李白曾在《长干行》中说："郎骑竹马来，绕床弄青梅。"说的是小孩子拿竹竿当马骑，在房间里跑来跑去。在古代战事频繁，长大一些的孩子就不再骑竹马了，变成互相当马，背在背上，于是形成了当今的民间游戏——骑马打仗。

"骑马打仗"其中以游牧民族为主，根据此进行推论，"骑马打仗"的游戏也应集中在北方地区，但各地均有各自不同的玩法，这在下文中将进行详细介绍。随着民族传统项目日渐式微，现代游戏兴起，生活节奏的加快，"骑马打仗"逐渐退出人们的日常生活中，针对其进行相关资料的搜索，极少有学者对其进行整理和分析，作为我国民间游戏之一，不失为一件憾事。

在沁河流域一带，建有众多古堡，防御体系较多，其朝代从明朝至清朝时间不等，由此可以看出，在古代时，这里经常带兵打仗。大多数男孩子们在看到官兵骑在马上英勇善战、捍卫领土的飒爽英姿后，深受启发，于是逐渐地，此地衍生出"骑马打仗"的游戏，表达自己长大后渴望保家卫国的强烈愿望。现如今这一项目仍在存在于当地，但是其保家卫国的目的逐渐淡化，主要是为了健身娱乐。

这一项目的文化意义主要体现在以下方面：首先有助于培养玩者的团队合作意识。由于是两人为一组，与另一组进行厮杀，因此二人应当配合默契方能取胜，如果各行其是只能被对方打倒。其次，有利于提高学生的机智、灵敏、快速反应能力，此类运动属于对抗性项目，可以引起参与者强烈的情趣，并且根据实际情况迅速调整战术。再次，有利于锻炼玩者强健体魄，尤其对于当"马"的玩者来说，在身上附有重力时，仍然要有快速的反应，这就必须有很好的耐力才可。最后，有利于培养玩者顽强不屈的品格，这是一项机遇与挑战并存的项目，胜利的同时也存在着多种危险因素，在遇到困难时，可以培养玩者不服输的精神，与古代士兵们骑马打仗时保家卫国的精神相通，这一项目很好地传承并发扬了我国的民间游戏的珍贵品格。

"骑马打仗"通常由四个或更多人组成，待热身完毕后，即可玩耍。通常选择一块沙地或草坪这样比较松软的地方，以免摔伤或碰伤。

"骑马打仗"的技术方法在大多数地区通常是：一个人背着另一个人，被骑的就是马。十几个孩子分成两拨自愿组合，两人为一组，通常比较高大强壮的孩子当马，将另外一名队友背起来，然后双方就上马开打，对冲。骑马的人可以用手拉扯对方，只要把人从马上拉下来或使对方连人带马一起摔到，对方这一对就得下场。直至对方一对都不剩。虽然当马的孩子不准动手拉扯对方，但可以用身体去撞对方的马。

但在沁河流域一带，方法略有不同，即由一个人骑上另一个人肩膀上，而非一个人背着另一个人。同样由两人一起作战，"下面的人当作战马，上面的人是骑兵。和另一组的对手撕打，骑兵手中也可拿些棍棒当武器，也可空手，总之要把对方打下马为胜。"[1]

---

[1] 张星社.阳城民俗文化[M].太原：三晋出版社，374—375

　　同时作为一匹"好马"应具备一些战术：一般开始对冲的时候都是两三对一起冲到对方最厉害的一对面前，合力给他拉下来。但也不是太奏效，因为对方总会有别的人保护。所以大部分情况是比较厉害的人和对方正面拉锯，不厉害的就想办法迂回到对方后面去偷袭。如果迂回的时候受阻被干掉也只好认倒霉了。

　　此项目既不需要场地，也不需要器械服装，可以在几分钟内，迅速活动身体，清醒头脑。相较于目前许多枯燥的体育课程中的项目训练，这一游戏既能使身体得到充分锻炼，又能培养学生对体育课的热爱，让学生在玩儿的过程中体验到运动的乐趣，真正将寓教于乐实行于学校体育之中。

10. 独腿斗士：斗鸡

　　说起"斗鸡"，由于各地风俗习惯不同，叫法颇多，有"顶拐""撞拐""斗鸡"或"斗拐"等不同叫法。它是伴随几代人成长的民间游戏，不论在同辈中、父辈中甚至祖辈中纷纷对这一游戏不感到陌生。由此表明这一项民间游戏具有久远的历史，准确地说应追溯到五千年以前，据史料记载，南朝梁任昉在《述异记》中，关于"斗鸡"游戏有这样一段话："冀（河北）州有乐名'蚩尤戏'，其民两两三三，头戴牛角而相抵。"这一历史溯源得到国内许多专家的肯定。如学者白杨威在《关于体育教学中开展脚斗士运动之研究》[1]中同意这一观点，认为斗鸡游戏应是起源于五千年前。关于其起源地的探究，在进行相关文献检索时发现，"其最早是在河北涿鹿一带兴起，后来慢慢演变为今天的斗鸡游戏。目前在苗族和黎族等还保留着类似的传统。"[2]

由于"斗鸡"最早出现在"蚩尤戏"中，而"蚩尤戏"是人们模仿蚩尤和炎黄二帝大战的情景所做，目的是为了表达生活幸福。因此"斗鸡"早期具有庆祝的功能，以舞蹈形式多为皇家表演。经过五千年来人们的不断传承、创造和发展，渐渐形成了民间游戏——斗鸡。其开展形式也逐渐从舞蹈转变为游戏，参与人群也由上流社会流于民间，成为传统民间游戏之一。据相关资料显示，"斗鸡"被众多网友认定为"十大儿童经典游戏"之榜首。改革开放以来，国家将目光投向民族传统体育项目的发展问题上，采取了一整套实施办法对众多民族传统体育项目进行传承与发展。相关学者纷纷响应这一号召，关于民族传统体育项目一系列的教材、书籍以及期刊等相继出版。2005年我国一些体育专家成为《关于创立脚斗士运动项目的研究》课题组成员，将这项民间游戏上升成为竞技体育项目，并命名为"用脚进行竞技搏击的勇士"，简称"脚斗士"。2006年，"脚斗士全国大赛"在北京举行。2008年4月，全国脚斗士推广委员会宣称要将这个项目推广到全球。如今德道传媒公司已将有关脚斗士的课题研究成果进行了版权保护，并对脚斗士的商标进行了注册，使脚斗士成为中国第一个拥有自主知识产权保护的体育赛事。[3]并流行于韩国、日本、新加坡等地。由此表明"斗鸡"由民间游戏的形式向竞技体育的形式转变。

尽管"斗鸡"这一民间游戏从古流传至今，一直深受大众的喜爱，但由于民间传统体育项目日渐式微，因此，"斗鸡"这一项目也存在着消亡

---

[1] 白杨威.关于体育教学中开展脚斗士运动之研究[J].体育世界（学术版）

[2] 卢春根，刘子强，李建英.中国脚斗士运动现状及发展对策研究[J].江西教育学院学报

[3] 高亮，朱瑞琪."脚斗士"运动的形成、发展研究[J].北京体育大学学报.2011，1，34

的迹象。随着"脚斗士"的成功开展，并流行于世界各地，成为我国第一个拥有自主知识产权的体育项目。近几年来，已成为热门的趣味比赛项目。大赛设立了南方与北方两个赛区，设有轻量级、中量级、重量级三个级别，最后胜出者为本年度的脚斗王。从2006年开始，每年的10月14日举行一次，全力打造中国民族特色的"脚斗士"的运动。老百姓也逐渐将目光转向了"斗鸡"这一民族传统体育项目上来，这对我国民族传统体育项目的发展有着重大意义。

"斗鸡"自古有之，尽管南北方称谓不同，但由此表明这项运动分布在全国各地。受到大众的热烈欢迎，在沁河流域一带，将这一项目称之为"斗鸡鸡"，孩子们通常在课余时间进行游戏，与"脚斗士"不同，"斗鸡鸡"在当地较少设定规则，不计较输赢，最终目的是在比赛进行中得到快乐，主要起娱乐功能。它具有比蹴鞠更为就久远的五千年历史，其表现形式由最初的舞蹈转变为民间游戏，新中国成立后，又再次将其作为竞技体育项目之一。"斗鸡"本身就具有历史传承的文化意义。这些形式凝聚了古代劳动人民智慧的结晶，现代人进一步将其深入发展，无不表达他们对生活的美好向往，其历史传承的文化意义可见一斑。

"斗鸡"可以帮助人们得到不同方面的锻炼，（1）从生理方面讲，它有助于玩者的平衡能力和耐力，腿部肌肉的爆发力和力量，增强髋关节、膝关节、踝关节的灵活性，还对心肺功能有很大的好处。相关学者从运动生理学角度对"脚斗士"通过教学实验进行研究，认为"长期的脚斗士训练有利于提高身体机能、改善运动系统、心血管系统和呼吸系统，促进身体健康发展。"[1]加强踝关节的力量，在日常生活中，避免崴脚等现象的发生。（2）从心理方面讲，首先，对比如今学校体育中仰卧起坐、跳高等项目，"斗鸡"属于一项简单易操作的体育项目，不受场地、器材的限制。对于运动能力较差的学生，有助于其进行参与并培养自信心、

---

[1]　高文峰.脚斗士训练对大学生体能影响研究[J].体育文化导刊.2010，3

体验运动乐趣，形成"终身体育"的思想。其次这是一项耐力的训练，有助于培养参与者坚持不懈、顽强拼搏的精神。再次，它有助于青少年形成团队精神，荣辱与共。最后它促进了人与人之间的交流，表达了人们对生活的热爱之情，并且在运动过程中发泄不良情绪，与朋友互相沟通，从而建立良好的心理状态，对生活充满信心。在沁河流域一带，人们沿着这项千百年来的民族传统项目的传承，形成了沁河独有的文化风韵。

"斗鸡"的组织方式通常由两人对抗或多人群斗。此项游戏的具体技术方法即用一只手将自己的一只脚提起来，另一只脚跳着运动掌握平衡，用膝盖顶撞对方的身体，谁的脚同时着地算谁输。玩法及技巧：把一条腿盘起来，用手拉着鞋帮或裤腿，另一条腿在地上蹦跳着，游戏双方互相用盘起来的膝盖作为进攻的武器，可以采取顶、挑、压和跳跃着攻向对方的方法。如果谁的那条盘起的腿先落地或倒地，谁就输了。一般是先后退几步，然后用力地往前顶去。力气大、个子高的往往沾光，会把力气小、个子矮的一下子顶得倒在地上，摔倒的人就会被淘汰出局。

附：斗拐绝技

1. 晴空霹雳：适用于双方照面的第一回合，经过远距离高速冲刺后，高高跃起将膝盖撞向对手胸部。个矮者慎用。

2. 凌波微步：每一步腾挪，都以匪夷所思的角度，在对手间滑过，伺机进行反击。此招适合于敌强我弱时，保存实力或拖延时间等待救兵。

3. 泰山压顶：双方对峙中，将膝盖连同大小腿压在对方整个膝上，用力把对方挤压脱手导致双脚着地。切记不能落入对方圈套，否则后果不堪设想。

4. 金刚腿：双方以膝碰膝，硬碰硬，讲求力道。若膝盖脆弱，慎用此招。

5. 挑滑车：故意把自己的膝盖放低，诱使对方进攻，然后猛抬膝尖，把对方挑起，掀翻在地。

6. 点穴：看准对方破绽，以膝尖顶击对方大腿根部外侧，令对手全身酥软放弃抵抗。此招适用于双方对峙中，以静制动。

11. 力聚一心：拔河

拔河是人数相等的双方对拉一根粗绳以比较力量的对抗性体育娱乐活动。迄今所发现的拔河运动的最早证据是埃及公元前2500年的MERERA—KU的墓内壁画。欧洲拔河运动的历史则起始于公元1000年。在我国，"拔河"游戏来源甚古。据《封氏闻见记》史料记载，春秋时期的楚国，军中已经开始出现拔河运动，最开始的目的是用来训练士兵，称之为"牵钩"。书云："拔河古谓之牵钩，襄、汉风俗，常以正月望日为之。相传楚将伐吴，以为教战。"由此认为拔河起源楚国，楚国位于大江南北两侧，水路穿插无尽，楚国除了拥有自己的陆军军队外，还拥有一支强大的水军，记载表明楚国曾发明了一种名为"钩拒"的兵器，专用来水上作战。敌人败退之时，士兵使用"钩拒"将敌载兵、载粮草的船钩住，使劲

回拉，让其难以逃脱。后来钩拒从用于军中作战流传至民间，演变为拔河比赛。

拔河之起源，本系由于交战，故至唐代，兵士亦多以此为戏。不独兵士为然，宫女亦多戏此。又不独宫女为然，宰相将军等又多戏此。似此上有所好，下必甚焉，则唐代社会，拔河游戏之盛，一般可鉴。起初的拔河活动以拉扯竹索为主，到了隋唐时期已将竹索改为大绳，绳长约50丈（167米），两头还分系小绳索数百条。在古代拔河时一边还要敲着大鼓，以壮士气。唐玄宗曾多次观看拔河比赛，拔河者多至千余人，呼声震天，中外观众，无不震骇。

到了近代，在西方，英国倡导了现代国际拔河比赛，并于1990年第2届巴黎奥运会上，将拔河比赛列为正式竞赛项目。随后在美国举办的第3届奥运会、英国举办的第4届奥运会和瑞典举办的第5届奥运会上，拔河都被列为正式比赛项目。第6届奥运会因第一次世界大战而停办，到了1920年第7届奥运会时，鉴于当时运动项目繁多，且拔河比赛规则未能统一，所以国际奥委会在调整比赛项目时，将拔河比赛项目取消，这项决定使拔河运动的国际竞赛活动暂时处于停顿状态。后各国的拔河运动仍在不断发展，1933年瑞典国家拔河协会宣告成立，随即其他欧洲国家纷纷效法，以英国、荷兰等14个国家为主的欧洲各国，先后都成立了拔河协会。1960年，英国拔河协会与瑞典拔河协会通过协商，制定了国际拔河比赛规则，并创立了国际拔河联合会（TWIF）。

拔河运动是一项群众性体育活动，其在我国分布非常普遍，无论政府机关、学校、社区、军队乃至乡村村落等团体组织集体活动时，都少不了组织一场拔河比赛。拔河运动同样流行于英国、瑞士、瑞典、澳洲、美国、加拿大、意大利等国家，可以说拔河运动是一项风靡全球的体育活动。

拔河运动在沁河流域晋城一带同样风行，社区活动、政府机关赛事、校园运动会、各地社火、节日庆典等等到处都有它的身影，可以说其是该地区民俗文化不可或缺的一分子。拔河运动在当地经久流传，它到底为当地民众提供了哪些价值，有什么功能和意义呢？

　　就拔河运动自身来说：拔河运动是一项集体体育娱乐活动，需要大家团结协作，所需场地和器械简单，集趣味性、竞争性和集体性于一体。拔河比赛的开展，既可以增强人民群众的体质，增进人们之间的情感交流，又可激发、增强人们的集体主义精神和集体荣誉感。

　　拔河运动是一项力量、耐力运动，属无氧运动项目，需要的是队伍同时激发的绝对力量和拉锯僵持过程中的耐力素质的结合，具体分析来说，拔河运动需要全身多个肌群参与，包括拉绳蹬地过程中大臂小臂肌群、大腿小腿肌群、手部脚部肌群爆发的四肢力量；保持倾斜拉绳姿势的腹部、腰部、背部肌群爆发的核心力量等。当然除了各肌群参与的绝对力量外，还需要每位参与者发挥自身的耐力素质，这样才有可能战胜对手。如此分析来看，参与拔河运动可以全面有效地锻炼人们的力量、耐力素质，增强人民群众的体质，起到良好的强身健体作用。

　　此外，拔河运动不仅需要人们的力量和耐力，还需要团队的协作，需要每个人不甘服输、拼搏到底的精神，尤其是胜负难分的拉锯过程中，队伍中的每位队员保持积极的心态，拥有为荣誉而战的精神。特别当分出胜负后，我们需要的是这样的场面：赢了大家一起欢庆，输了也不气馁，相互鼓舞激励，为团队的荣誉而声嘶力竭，为团队的荣誉而相互鼓舞，为团队的荣誉而相互依靠，为团队的荣誉而相互欢庆。因此，拔河运动体现的是一种集体精神、团队精神。团队的力量远远大于个人的力量，个人的力量凝聚形成了无穷的团队力量，感受因自己的努力而获得团队的荣誉的骄傲，增强人们的集体主义精神和集体荣誉感。久而久之，增强的便是整个地区乃至整个国家的民族凝聚力和团结精神。

　　民俗民间范畴的拔河运动在政府机关、各类型企业等组织的活动，学校中的运动会、体育课、社团活动、班级活动等课外活动，社区、军队乃至乡村村落等团体组织集体活动，乃至各种节日庆典、地区社火等等场合中都会出现。拔河运动组织起来不分场合，不分地域，对条件的要求较低，种种特点早已催生了它在各地的发展，而其自身的特点和发展的大繁荣也促使拔河运动无忧于传承，它留在各个地方的足迹早已为自身埋下了发展和传承种子。

拔河运动在任何地方的组织方式大都相近，现代一般的拔河方法是：在地上划两条平行的直线为河界，由人数相等的两队在河界两侧各执绳索的一端，闻令后，用力拉绳，以将对方拉出河界为胜。当然整个过程中还伴随着诸多技巧和规则，但民间组织的拔河比赛区别于正规拔河赛事，很多规则和技巧并不会出现，没那么多讲究和烦琐，主要是衬托娱乐的气氛。民间活动的拔河运动所需要的资源十分简单，包括：一块平整的场地、一根结实并粗细合适的绳子以及一些辅助材料（标记用的红绳，哨子等），当然还可能包括衬托气氛的锣鼓等。

拔河运动的活动者，除孕妇、老年人、婴幼儿、部分残障人士等特殊群体外，不分性别，不分阶级，身体条件允许的民众都可参与到活动中，身处其中不仅可以收获乐趣和满足，也可以成为拔河运动的继承者和接班人，能够无形中支持、促进拔河运动的传承与保护。

12.顺应季节：踏青春游

踏青春游，简称踏青，又叫探春、寻春，汉族节日习俗。清明时节，于花草返青的春季，结伴到郊外原野远足踏青，并进行各种游戏以及蹴鞠、荡秋千、放风筝等活动。

我国的踏青习俗由来已久，传说远在先秦时已形成。也有说始于魏晋。据《晋书》记载，每年春天，人们都要结伴到郊外游春赏景，感受春意。而后代代相袭，盛而不衰。先秦时期，踏青活动始于春分，时人诗曰："二月二日踏青节，群人游赏散四郊。"魏晋时，踏青定于清明前后，届时男男女女聚于水边，举行"祓除"仪式，沐浴、熏身、除垢祛病。晋代诗人张华记叙了这一习俗："暮春元日，阳气清明。祁祁甘雨，膏泽流盈。习习祥风，启滞导生。禽鸟翔逸，卉木滋荣。纤条被绿，翠华含英。"唐代时，踏青颇为盛行，人们沐浴大好春光，呼朋唤友，或到郊外游赏春色美景，或携酒相聚而饮，或探访名园，或放风筝。如杨巨源、

白居易、王涯、杜甫等人分别在自己的诗文作品中描述踏青盛事。"人面桃花"的典故即从此来，并且成为一则人间佳话[1]。宋、明、清，踏青春游愈加盛行，到了清代更是成为一种大众活动，达到了一种"逢春不游乐，但恐是痴人"的盛况。踏青发展至今已成为一种全国性、全民性的传统节日习俗。它的分布没有明显的地域差异，组织形式也十分相近。清明前后的这段时间，亲朋好友结伴出行，野炊野宿，玩游戏，游山水等。

踏青在沁河流域十分盛行。沁河一带历史文化悠久，拥有众多人文古迹、自然景观、乡村、园林美景乃至古堡关隘，这些都是踏青游玩的好去处，而特色、丰富的民俗活动项目也能够给踏青提供无穷的乐趣。这一带足可谓踏青的殿堂，不断催动着踏青活动的融合发展。

就踏青活动本身来说：踏青，内容丰富多彩，观赏山川风光，游览名

---

[1]　刘锴.踏青—诗话[J].上海企业，2014，4：93

胜古迹，进行野炊，采摘百草，也可以参与狩猎、放风筝、秋千、踢足球等活动。不仅可以锻炼身体，还可以在青山绿水间陶冶自己的性情[1]。

踏青对人体是有诸多益处的。如穿林过涧呼吸新鲜空气，可清肺健脾，增强心肺功能；攀峰越岭，可舒筋活络，防止关节老化；疾步快走，可促进血液循环，预防动脉硬化；驻足远眺，可以开阔视野、心旷神怡；通过消耗身体热量，可以促进胃肠蠕动，改善消化功能，增进食欲等。踏青的季节多在春季，气候适宜的春季，空气中的"长寿素"——负氧离子较多，据测定，在大城市的房间里，每立方厘米空气中只有40~50个负氧离子，郊野却有700~1000个，海滨和山谷高达2000个以上，对增进人体健康大有裨益。它不仅能杀死空气中的多种细菌，还可以调节大脑功能，促进血液循环和新陈代谢，提高人体抵抗力，还可以消除疲劳，振奋精神，并具有镇痛、镇静、镇咳平喘、降血压等功效，对于高血压、气喘病、神经衰弱、关节炎都有治疗作用。此外，野外春风和煦，光线适宜，使人产生一种非常舒适的感觉，由于紧张工作而产生的疲劳，也会因此而消散，从而帮助人们的心态调整，保持愉悦的身心。

当然，踏青也并不总是阳光常在，和风常拂，有时候倒常是春雨连绵，气候变化十分频繁。因此，在踏青春游时务须注意保护自己的身体，要备足衣服，以防不测风云使人身体受凉，引起感冒等常见疾病。如外出野炊，则须注意饮食卫生，以免发生肠道疾病，也不可坐冷湿之地，还须注意避免过度疲劳。一旦遇阴雨受凉，归后可用生姜、葱白及红糖配适量水煎服，以祛风散寒，预防感冒。睡前可以热水洗足，睡时可适当垫高脚部，以促进脚部的血液循环，达到尽快消除疲劳、恢复精神的目的。[2]

踏青，最轻松、最简单的活动方式，不需要特定的工具，可以背包，也可以徒手。可以徒步出行，也可以选择自行车兜风，更可以选择汽车代步。没有束缚，一切随心。可以选择吃喝，可以选择游景，也可以选择运

---

[1]　古典诗词中的清明踏青风俗J.上海企业，2013,4：91

[2]　蔡文江.春光尽在踏青中J.现养生，2008,14：22

动。可以呼朋唤友，可以夫妻结伴，可以家庭团游，又可以独自前行。不需要技术，也没有游玩的规则，只为轻松一游，愉悦身心。

踏青活动从先秦发展到现在早已形成了独自的发展、传承体系，它全国性分布、全民参与的特质为它提供了最可靠的发展、传承之路。也许它会在更多的时间出现，也可能会出现更丰富的组织形式，但我们相信它的内涵和本质永远不会改变。

13. 百花之嬉：扑蝶会

扑蝶会，民间传统节日活动，是我国初春时分雅俗共赏的传统节日娱乐活动集会。俗谓二月十五日（一说二月二日、二月十二日）为花朝日，相传这日是天上百花仙子的生日。除了被称作花朝之外，又名百花节、踏青节、扑蝶会。届期有种花、赏花、赏红等活动，故又称花朝，与八月十五的月夕相对。因各地气候、风俗等的不同，节俗活动也有所差异。扑蝶会便属花朝节中一项重要的传统民俗活动的集会。其在全国多地又通常被称为"花朝节"。严格来讲，扑蝶会并非完全是现在所讲的花朝节，两者应是从属关系，扑蝶会属花朝节重要的一部分。此判断主要根据以下记载分析所得。

追溯扑蝶会之渊源，据记载，扑蝶会其至是在花朝形成节日以前就存在的一种春季游戏。南北朝时期的《荆楚岁时记》中提到："长安二月间，士女相聚，扑蝶为戏，名曰'扑蝶会'。"这里只说在二月，未提及花朝，但时间基本上吻合。宋代诗人杨万里的《诚斋诗话》则明确指出是在花朝："东京（开封）二月十二日曰花朝，为扑蝶会。"后来的杭州地方志也说"是北宋时有扑蝶之戏"，所说应该是在南宋都城临安（杭州）。从自然物候来看，春暖花开时节，是莺歌燕舞之时，更是蝶舞蜂飞之时。而蝴蝶不仅与花相恋，又十分美丽，性情也很是温婉宜人，所以人们就必然要作扑蝶之戏了；而参加的人多了，也就成了扑蝶之会。

再说"花朝节"，花朝节是现在人们最常用的一种称谓。关于花朝节

起源，过花朝节的习俗起源于晋代，然而在唐朝以前，过花朝节的范围依然很小，基本局限在宫廷内部，并没有形成传统，也没有普及到民间。自唐代开始，宫廷之中开始重视花朝。相传，每逢花朝节，皇帝李世民都会亲自在御花园中主持"挑菜御宴"。所谓挑菜御宴，就是在宴席的佳肴中点缀各种可供食用的花草，如荠菜，茵陈蒿等，然后边饮酒边食之。后宫里大臣、王室贵胄也纷纷效仿，形成了花朝节的一个风俗。

关于花朝节的时间，主要有三种说法，即二月二日、二月十二日和二月十五日。这三个日子皆有相关传说：第一种，关于二月二日花朝节，此说法主要源于唐朝一个节日。唐德宗贞元五年，皇帝下诏废除正月晦日的节俗，以二月初一为中和节。此节日传为祭春而设，此日百姓祭祀芒种之神，祈求丰收。后时间变为二月初二，与花朝节合为一天，至明代，增加了撒灰引龙之举，俗称"龙抬头"，此日便为"二月二花朝节"。第二种，关于二月十二、二月十五花朝节，据民间旧俗传闻，二月十二日与二月十五日都认为是百花仙子生辰，花朝节的得名也因此而来。二月十二日的说法为花朝节的最早记录，春秋时期《陶朱公书》中就有记载："二月十二为百花生日，无雨，百花熟。"另传二月十五是太上老君和英雄岳飞的生辰，人们在这一天将百花仙子生日与古人的祭祀活动结合起来，遂称花朝节。每个时间皆有传说，各不相同。[1]

关于"花朝节"习俗活动：前人所谓"同一国中，或因气候之不齐，而习尚各异"。花朝节到底有哪些活动呢？根据调查，总结我国花朝节期间的活动主要包括九项：一、游春扑蝶；二、植花挑菜；三、祝神集会；四、预卜年成；五、簪花"赏红"；六、花朝集市；七、花朝宴饮；八、赋诗题篇；九、斗草之戏、花朝灯会、花朝祭祖等其他民俗。[2]

根据以上资料中扑蝶会与花朝节的节日时间、节日活动、历史渊源三个方面对照分析，我们可以判断出，两者时间相近或相同，应属同一节日，目前最通常的叫法便是花朝节，而花朝节期间在全国范围内最重要、最普遍的一项活动就是"游春扑蝶"，可见扑蝶会是花朝节的一项重要节日活动。因此，扑蝶会是每年初春花朝节期间的一项重要的民俗活动，参与人数较多，也就被称为"扑蝶会"。

扑蝶流行于全国多数地区，但目前在我国各地具体节日日期并不一致。例如：浙江、东北等地多在二月十五日；北京、江苏等地多在二月十二日；山西有的地区则在二月二日，连同河南的洛阳、开封，节期也分别有二月二日、二月十二日的不同记载。并且在节日期间的活动并不仅限于表面寓意的扑蝶之嬉，还包括植花挑菜、祝神祭祀、簪花"赏红"、聚会宴饮乃至赋诗题篇等各种活动。由于近代以来人们生产生活习惯的改变，以及现代文明和文化活动的影响，扑蝶会逐渐远离了人们的生活和视线，随生的各种民俗活动也多销声匿迹，近几年，北京、山西、江苏等一

[1] 万建中，周耀明，陈顺宣.汉族风俗史——隋唐·五代宋元汉族风俗[M].学林出版社，2004

[2] 赵文敏.花朝节[J].青年文学家，2013,23：224

些地区正在逐步恢复举办该节日，这对于该项目的再发展有着积极的推动作用。

在沁河流域，扑蝶之俗往昔较为盛行，时间多为每年二月二日。而在山西民间、沁河一带整个节俗则多称"扑蝶"。

扑蝶会包含丰富多彩的民俗活动，不但具有游春踏青等休闲娱乐价值，更具有以"春""花""民俗"为主要内涵的独特魅力和文化价值。另外，现代经济社会背景下，扑蝶会有助于推动沁河流域打造花市场、构筑花产业，带动文化产业特别是文化创意产业，以及传统手工业、特色传统饮食业等一大批特色民俗产业的发展，发挥了其独特的经济功能和旅游文化功能。

随着城市化、现代化的快速发展，城市工作和生活节奏不断加快，人们往往在日常休闲、健身方面比较被动。作为以踏青赏花、休闲娱乐为重要活动的扑蝶会，不仅能够吸引人们走出家门，游春踏青，更能让每一位活动者获得美的感受，愉悦身心，释放心理压力。现在人们参加扑蝶会，多为赏花、嬉戏娱乐。人们赏花、参与各种民俗活动的过程可以让人心情愉悦，使紧张的神经、疲劳的躯体得以恢复，有益于改善人的的呼吸系统、心肺功能，使视觉、嗅觉、听觉和思维的灵活性得以加强，从而发挥其独特的健身价值。扑蝶佳嬉，参与者不需要特定的技术、技艺，也不需要特定的工具。每个人走出家门、结伴而行，在春暖花开时节，在莺歌燕舞、蝶舞蜂飞之时，尽情地徜徉在美丽大自然的怀抱。可赏花，可游乐，亦可以与好友相聚饮乐、游春扑蝶、植花挑菜，摆脱繁忙的束缚，一切由心。

虽说扑蝶会这项独特的节日习俗至今仍流行于当地，由于近代以来人们生产生活习惯的改变以及现代文明和文化活动的影响，扑蝶会却已开始远离人们的生活和视线。节日中的一些传统活动也受到了较大的冲击，这项优秀的传统民俗节日活动正面临着严峻的考验。其实，随着工作和生活节奏不断加快，现在的人们承受着各种生存压力、忙于生计，此时我们更加迫切需要这样的一个活动项目来调节自身。我们应该充分利用非物质文化遗产保护这个平台对其进行重建和发展，正视扑蝶会带来的文化价值、娱乐价值、健身价值、经济价值等多重功能，完善扑蝶会独有的文化色彩，拓宽扑蝶会的文化空间，加强全体民众的文化自觉，重拾扑蝶会昔日风采，给自己一个放松的机会，也给该项目一个发展、传承的良机。

四、威武演习　摄生固本

　　飞檐走壁，排山倒海，身怀奇功击退千军万马……这样的画面曾是沁河流域一带许多少年儿郎对武术的幻想与憧憬。想象着奇遇名师，学得一身好功夫，行侠仗义，闯荡江湖。幼时的儿郎们虽不懂武术到底是什么，但对武术充满渴望。或看到田边的老爷爷在演练太极，只觉每个动作行云流水般畅快。或见一中年大叔锻炼腿脚，一招一式，虎虎生风。每当此时，总以为他们就是不问世事的神秘武林高手，激动地驻足观看，期望他们能够传授奇功。待这些儿郎们长大后，依旧怀揣着儿时的武术梦想，总想一探究竟。

　　沁河流域的武术文化到底是怎样的？怎么形成的？武术奇功有哪些？现在又是怎样的？总不免要去了解一番。相传沁河流域一带有许多武林高手，著名的峨眉派武功便出自这里。造成这一现象的原因是多方面的，首先是地域环境因素，山西地处太行之西，关山险固，易守难攻。历来就是兵家必争之地。从春秋战国起，千秋不易的太行山、"与天为党"的上党郡、披山带河的古平阳、雄踞雁北的北方重镇大同、晋地咽喉的雁门关等都为当地武术文化提供了极好的生存和发展环境。武术因而能够充分孕育、成型。古时被称为"兵粮河道"的沁河同样孕育着沁河流域的尚武文化。身处沁河之畔，总也不免听到那些战争年代的英雄事迹，独特的地理环境始终孕育着当地人们的武术崇拜。其次是地域文化因素，这里主要讲的便是晋商文化。沁河作为古时重要的运输河道，孕养着当地的晋商文化。沁河一带被称为尚武之地，名将名家辈出。这与当地的晋商文化有着密切的联系。由于晋商常外出千里经商，难免会遇到意想不到的困难与险阻，甚至盗贼的袭击。因此晋商历来重视武术、拳师，不少人自己练就武术以强身和防卫强贼袭击，甚至参加军事斗争抗击入侵。简单来说，武术与拳师对于晋商的活动有着支持与保护的作用，而晋商对武术与拳师的鼓励和支持，也在一定程度上起到了推动着当地武术文化形成的作用。最后是人文精神，要说人文精神，其实跟上述的地域环境、地域文化分不开，人文精神说到底就是在两者的大环境下孕育而生，独特而鲜明，造就了当地民众尚武、顽强、刚正不阿的精神状态，而这种人文精神滋生了当地独特的武术文化和尚武情怀。

习武强身健体，气功固本养元。话尽武风，再叙养生之道。古沁河民风强悍，实属护商避伐之迫。如今和平盛世，习武练功也更加注重养生与健身，与武术交相辉映的健身气功在沁河流域也广为流传。健身气功自21世纪初便在沁河一带扎根发芽，发展至今已有数十个健身气功习练站点，习练者数以千计。近几年，健身气功在沁河流域的发展步伐愈加平稳。国家推广的9套健身气功多地都在积极推广、习练。易筋经，导引吐纳，坚其外而清其内；五禽戏，五禽神韵，调阴阳亦增气神；六字诀，吐气发声，调理五脏；八段锦，动静圆活，益寿延年。每套功法以独特的姿态滋养着沁河朴实的民众，带动起当地健康的养生之风。

晋之国术历史悠久，源远流长，"曲不离口，拳不离手"便是人们来形容晋阳国术的经典俗语。武林中享有盛誉的形意拳、鞭杆、洪洞通背的发源地尽皆于此，当地民间流传的拳械套路更逾百种。其中流传最广，盛誉已久的当属形意、鞭杆、通背、太极，健身气功则以易筋经、五禽戏、六字诀、八段锦习练最为普遍，略做研究，诚期与读者共享、共勉。

1. 运棍似鞭：鞭杆

鞭杆，又称鞭杆子、鞭杆拳、哨棒、白棒等，武术短器械之一。鞭杆既可以单练，也可对练（如"鞭杆对打"），鞭杆的基本套路有"十三鞭""三十六鞭""陀螺鞭"等。由于它鞭法独特，携带方便，并有助于全面发展身体素质，故已成为人们喜爱的汉族民间武术器械练习项目。

关于鞭杆起源于何时，由何人而创，至今没有确切的史料依据。根据资料显示，有关鞭杆的起源有以下说法：其一，在张希贵先生编写的《鞭杆技法精要》中讲道：鞭杆在晋北地区主要流传于代县、繁峙、五台县一带。此地区的人文历史、地理环境、生活习俗为鞭杆的产生、发展提供了独有的条件。其二，在民间流传的说法是：山西山高沟又深，路窄，交通很不方便，人们全靠小毛驴和骡马当运输工具。在路上经常遇到野兽和强盗，赶牲口的人们就用手中的鞭子作为武器防身自卫。因为道路难行走，不是上山就是下坡，所以人们出外都是拿木棍当拐杖，既能防身又能当扁担挑包袱。后经几代武术家们把各种防身技术规范整理，编成现今鞭杆套路。

追溯其源，众说纷纭，有说是由赶马车使用的鞭子演变而来，也有说是竹节鞭演化而来，这都是一些推断。然而，查阅有关史料佐证，其源与中华民族五千年的文化史有着密切的联系，同等的辉煌。远在旧石器时代初期，处于原始群的人类为了生存，迫于狩猎、自卫、防御同类与野禽猛兽的侵袭，在长期同大自然的斗争中，出现了棍棒、石器等简单武器，与此同时，人们摸索、创造了初级阶段的格斗捕杀技能，这些技能虽是非常低级的，但可窥棍棒始之于此，这种萌芽状态的棒就是短棒。因此，从其源头来讲，是源自生存的需要，后演变成防身、防卫之用，再到如今人们将它发展成不同风格的套路，已达到强身健体、锻炼自身并兼防身的目的，至今鞭杆已发展成一项优秀的民俗文化。现在鞭杆在甘肃、山西、宁夏、陕西等省流行较广。以山西鞭杆最为出名，发展最为迅速，且体系较为完善。

数代前辈们的实践、探索、钻研、不断总结使得鞭杆在内容上得以丰富，格斗技术上得以提高，并流传下来了很多优秀的鞭杆套路。在20世纪80年代的全国武术挖掘整理工作中，编写的《山西武术拳械录》中的器械套路部分中收录了27种鞭杆套路。这些套路分别是：十二式鞭杆、八仙鞭、十五手点穴鞭、五花鞭、十八式单手鞭、二十四式鞭杆、三十六式鞭杆、三十六天鞭、六十三鞭、杨氏鞭棍、八合鞭、子母鞭杆、陀螺鞭（一、二、三）、十字鞭、综合鞭杆、通背三十六鞭、通背单手鞭、子午螳螂万花鞭、螳螂鞭、三十六鞭、在十手鞭、简化鞭杆、一路、二路鞭杆和鞭杆对练。

鞭杆在沁河流域十分盛行，鞭杆种类最主要的就是山西鞭杆。鞭杆在山西武术文化中占有重要地位，它套路多、用途广、易掌握，成为人们"喜闻乐练"的武术项目。在过去，无论是走南闯北的商旅、出门远行的行者，还是驮运商品的商队，都手拿鞭杆以便出行。现今鞭杆更是健身、养生的运动项目。在鞭杆盛行的地方，老人们出门时更是鞭不离手，走路是拐杖，挥舞起来就是锻炼身体的武术器械。

在众多的武术拳械中，鞭杆独具特点。鞭杆是无刃短器械，运用起来短小精悍、变化多端。技术上综合了长短器械的丰富的使用技巧，可以发挥短器械的特点，攻防兼备，技击性极强。鞭杆携带较方便，技击套路简单易学、老少皆宜、受场地限制也较小，拥有很高的健身、娱乐兼防身等价值。

鞭杆不仅仅蕴含器械技击技巧，还需要拳脚乃至整个身体的配合。例如山西鞭杆的技术体系包括步法、腿法、鞭法、练功方法、套路的特点与攻防原理。因此，鞭杆运动是对活动者整个身体的一种积极锻炼。特别在全民健身运动中，无论男女老少，在学习或工作之余，晨昏之际，在校园、广场、公园里随手拈来一舞，顿觉神清气爽，精神倍增。倘若能够细心揣摩其中用意，潜心体会动作要领，攻防原理，练功方法，努力做到姿势正确，劲力顺达，动静相间，节奏分明，气力结合，形神兼备，身捷步灵，起伏转折，舒展顺畅，精神关注，气势完整，身械协调就更能提高锻炼兴趣，经常演练，锲而不舍，定能达到养性强身的目的。此外，鞭杆可单练、对练和集体练习。单练可展示自己的身法，训练对套路快慢、刚柔、动静的掌控能力，提高自学能力与表现力；对练，锻炼反应能力，增强鞭法的速度与技巧，特别对保持老年人的脑力和四肢的灵活性起到一定的作用；集体练习，培养人与人之间的默契和团队意识。

沁河流域盛行的鞭杆流传至今并不是某一个人的功劳，而是经过历代的有识之士不断地充实、改进、创新逐渐完善起来的。其发展过程中集大成者，首推代县圆果寺的住持教伦和尚。教伦和尚代县人，自幼习武，后剃度出家为僧，曾在少林寺居住多年。在此期间与各地来访少林寺的武术高手多有交往，在交流与切磋中不断充实自己。教伦和尚栖身于圆果寺时，行功练武，禅拳兼修，特别对当地流传的鞭杆拳情有独钟，长期致力于搜集和整理有关鞭杆的资料，并教授和尚们习练鞭杆，在实践中不断揣摩，研究与创新，而且广教俗家弟子为门徒，在清末时期远近闻名。其主要传人有：曹全、曹根武父子，任济、李春芳、张赢州等人。他们都是代县人，技艺精湛，名震一方。近代能使鞭杆推入社会而广为流传者，应属五台县武术名师张含之先生。张含之先生曾师从于任济、曹根武、张赢州等前辈，尤得任济老先生鞭杆之真传，并对鞭杆的发展传播起着承前启后的作用。张先生广收门徒，其主要传人有：山西大学体育系的陈盛甫先生；山西机床厂武耀文先生，西山的杜大兴师傅，均为一代名师。他们各有传人，广为流传，从而使这一优秀的传统武术项目得到了较好的发展，成为深受群众喜爱习练的一种热门器械。

目前，师于张含之先生的山西大学体育系陈盛甫先生在前人的基础上创编了简化一路、二路鞭杆以及鞭杆对练。并出版书籍、摄像将鞭杆广泛传播于全国各地，乃至国外。张含之先生的另一弟子武耀文亦在陀螺鞭的基础上创编了综合鞭杆。现今武术名师张希贵教练在向其师郝学儒师傅学习鞭杆十三式、白虎对练的基础上取各家之长，创编了内容丰富的浑元迎手鞭。山西大学体育学院民族传统体育研究所毛明春教授根据中老年人的心理生理特点，在继承传统鞭杆精华的基础上，创编了适合在全民健身运动中普及的"简化太极健身鞭杆24式"。这些武术家为山西鞭杆的发展和推广做出了杰出贡献。

沁河流域一带的鞭杆主要为山西鞭杆，在技法上以搬、拦、裹、劈、勾、挂、霍、刹、滚、格、墩、戳、砸、掠、挑、窝、飞、点、绞、压等二十字诀动作为主要内容，练习时要求身械协调长短，走鞭换手干净利落，身灵步活进退自如，伸曲吞吐刚柔兼有，起伏转折快如闪电，纵横交织力贯鞭梢。要呈现出手不离鞭，鞭不离身，时而雄健朴实，时而轻巧敏捷的运动形象。

鞭杆一般用坚韧的木质材料加工而成。长度约为1.1米，或为本人的十三把左右。鞭杆分鞭把（把端）、鞭身、鞭梢（梢端）三部分。有粗细之分，较粗一端叫鞭把（把端），其截面直径约为2.5厘米；较细一端叫鞭梢（梢端），其截面直径约为2厘米。也可根据自身的体质、力量的大小，选择适合自己使用的鞭杆，以称手和方便使用为准则。

山西鞭杆大多数是用木质材料做成，可以说既经济又实惠。现今通常是用质地坚韧、重量较轻的白蜡杆根据自身情况参考标准截取适宜长度，然后进行抛光、打磨加工而成。鞭杆在山西不同的地区材质有所不同，遵循就地取材的原则。晋北的右玉县盛产沙棘，而沙棘树的质地非常坚韧，枝干上遍布棘刺，当地人便利用沙棘树做成鞭杆，不仅成本低（零成本），而且枝干上的棘刺增强了鞭杆的攻击性。要找到一根合适的沙棘树做鞭杆实属不易，因此，当地的习武之人视沙棘树做成的鞭杆为宝贝。晋北的浑源和广灵有一种很特殊的木材叫六道木，俗称六道子。其杆无心有结，每结自成纹路。纹路竖行，均为六道。灰皮去后，木面光滑细密，呈白色微黄。六道子木质坚韧，且不易折。强力折之，斜茬似刀，锋利如刃握之不冷不热，提之不轻不重，坚韧如铁，弹力如藤，为众多人所喜爱。当地武师就地取材用其做成鞭杆，不仅经济实惠而且用起来得心应手。可见，地方不同，选取的鞭杆材质也不尽同，大都就近取材，顺手便可。

鞭杆在沁河流域一带活动方式多样，或单人演练，或双人鞭杆对练，或比赛演出，或十几人、几十人聚集在广场上、村落间锻炼强身，它不分性别，不论年龄，组织形式也不拘一格，只要是鞭杆运动的喜爱者都能拿起鞭杆活动一二。

2. 无极而生：太极拳

太极拳，国家级非物质文化遗产，是以中国传统儒、道哲学中的太极、阴阳辩证理念为核心思想，集颐养性情、强身健体、技击对抗等多种功能为一体，结合易学的阴阳五行之变化，中医经络学，古代的导引术和吐纳术形成的一种内外兼修、柔和、缓慢、轻灵、刚柔相济的拳术。

太极拳是极富中国传统民族特色元素的文化形态。17世纪中叶，温县陈家沟陈王廷在家传拳法的基础上，吸收众家武术之长，融合易学、中医等思想，创编出一套具有阴阳开合、刚柔相济、内外兼修的新拳法，命名太极拳。太极拳在陈家沟世代传承，自第14世陈长兴起开始向外传播，后逐渐衍生出杨式、武式、吴式、孙式、和式等多家流派。

太极拳的演变不仅表现在流派的日益纷杂，也表现在其功能的转变。太极拳虽说以强身健体著称，但早期的太极拳绝不仅仅用来强身健体，也是中华拳种在攻防格斗的一个独立代表，太极拳在创立之初也单独作为一个拳种开设武馆，以它独特的拳技和攻防格斗风格自成一脉。如今太极拳虽说也会在擂台、拳赛中一展雄姿，但主要还是在发挥其强身健体、颐养性情等修养之道。

太极拳从清代末年就开始在京城皇宫里流行，是最有贵族渊源的武术了。真正开始是从1963年国家体育局创编简化24式太极拳并推广普及开始。现在已经遍及全球五大洲，据统计，全世界大概有1.5亿人练习太极拳，虽因为其健身养身作用，老年人及中年人练习者居多，但太极拳的现代发展已逐渐趋于全面化、普及化，在各个年龄阶段都不乏练习者。

资料显示太极拳人口分布最为密集的应该是河南省焦作市的陈家沟和赵堡，但现在太极拳早已风靡全国乃至全球，在我国绝大多数地方都可以找到太极拳的踪影。太极拳在晋城一带较为风行，分布较广。泽州县太极拳文化氛围最为浓烈，习练者数以千计，发展太极拳（剑）队伍五百余支。"文化一条街"的周村、拥有数个"太极村"的下村镇、大东沟镇的峪南、辛壁一带太极拳较风行，拥有特色的老年太极拳队伍，晋庙铺镇、大箕镇、金村镇、北义城镇等都是太极拳在泽州流传较为风行的地方。

虽然太极拳早已享誉全国乃至全世界，在众多国家和地区都有太极拳的踪迹，但追根寻底来看，太极拳文化与晋城的泽州县有着千丝万缕的历史渊源。据传，太极拳的起源可追溯到陈氏始祖陈卜。陈卜原籍山西泽州郡（今晋城），后来由泽州搬居山西洪洞县。明朝洪武年间，山西泽州人陈卜带领家人从洪东移民河南温县长阳村，村中有一条南北走向的深沟，随着陈氏人丁繁衍，常杨村易名陈家沟。陈卜来河南时带来了吸收宋太祖三十二式长拳精华的家传一百〇八式长拳世代相传。到陈氏第九世陈王廷（1600—1680）发展成为一种新的武术派别——太极拳。此后，太极拳就作为陈氏家传绝学在族内传播。晚清以前，太极拳作为陈氏家学只在陈氏宗族内部传授，这一情况在晚清时期有了改变。陈长兴成为第一个打破门规的人。他将陈氏秘不外传的太极拳传给了外姓人杨露禅。而杨露禅又将太极拳进一步改编，创立杨式太极拳。从此太极拳由单一的陈式太极拳开始分流出不同的流派。后来杨露禅的再传弟子又将太极拳传给吴鉴泉，由吴鉴泉创立吴式太极拳。继陈长兴之后，陈清萍又将太极拳分别传给武禹襄、和兆元、李景彦，而他们又分别创立了武式太极拳、和式太极拳和太极拳忽雷架。武禹襄的弟子又将太极拳传给孙禄堂。孙禄堂创立了孙式太极拳。陈氏宗族将太极拳外传使得现代太极拳的基本流派大致形成，丰富了中国的太极拳文化。

太极拳早成为我国文化的一种符号象征，继承和保护太极拳，对于弘扬中国传统文化、提高人们生活质量、弘扬民族传统美德、增强社会凝聚力、构建和谐社会等都具有十分重要的意义。晋城一带，太极拳运动盛行已久，各地太极拳协会、各流派太极拳培训组织、自发太极拳习练团体以及业余习练者数不胜数，各种太极拳赛事更是举不胜举。可以说，太极拳早已扎根、深植于当地文化之中，是当地文化不可或缺的一分子。因此，太极拳在晋城一代的风行不仅为当地群众带来了强身健体、促进当地人民精神文明、丰富当地文化生活等多方面的福音，同时也有效地促进太极拳运动自身的文化发展与融合，进一步为太极拳文化的继承和保护起到了积极作用。

太极拳的各类自发民间活动组织、太极拳协会、各流派太极拳培训机构、太极拳赛事以及平日群众的个人习练都是太极拳发展的组织方式，太极拳内涵丰富，适宜于各年龄阶段、各种不同人群的习练，庞大的习练者队伍和群众基础不仅促进了太极拳在当地的发展，更完美地成了太极拳在当地传承与生存的最佳载体。

太极拳自创立后逐渐衍生出杨式、武式、吴式、孙式、和式等多家流派，各派太极拳法技术各异，不尽相同，各有各的风格和套路，在晋城一带，各流派太极拳法皆有习练者存在，陈式太极拳、杨氏太极拳和简化24

式太极拳较为流行。活动方式主要有自发太极拳组织、太极拳队、太极拳赛事以及业余习练等。

根据太极拳的分布、组织方式以及主要习练人员的状况来看，太极拳在晋城一带较为风行，分布较广。各年龄阶段都有较多的习练者，城镇中有相关的太极拳协会，村落中有自发组织的老年太极拳活动队、太极拳表演队等等，可见无论城镇或山区村落中都可以见到太极拳的踪影。

3. 剑至中和：太极剑

太极剑在太极拳械中是一项具有代表性的器械运动，属太极拳运动的一个重要内容，同时具备太极拳和中华剑术两者之精髓和特点。一方面它具有太极拳之意境，轻灵柔和，连绵不断，重意不重力；另一方面又深谙中华剑术之精髓，剑韵轻柔舒缓，优美潇洒，剑法清楚，形神兼备，独具一格。

太极剑兼有太极拳和中华剑术两种风格特点，追溯太极剑之渊源，也须对太极拳以及中华剑术的历史渊源加以了解。

太极拳，早被人民所熟知，是极富中国传统民族特色元素的文化形态。其历史由来可追溯到17世纪中叶，相传温县陈家沟陈王廷在家传拳法的基础上，吸收众家武术之长，融合易学、中医等思想，创编出一套具有阴阳开合、刚柔相济、内外兼修的新拳法，命名为太极拳。太极拳在陈家沟世代传承，自第14世陈长兴起开始向外传播，后逐渐衍生出杨式、武式、吴式、孙式、和式等多家流派。太极拳从清代末年开始在京城皇宫里流行，是最有贵族渊源的武术了。真正开始是从1963年国家体育局创编简化24式太极拳并推广普及，太极拳得到迅速发展，现在已经遍及全球五大洲，据统计，至今全世界大概有1.5亿人练习太极拳。

剑与中华剑术在我国具有悠久的历史，早在《吴越春秋》中就有记载。剑、剑术萌于夏商，春秋战国时日趋完善，出土文物有"越王勾践自用剑"，民间有"越女精于剑术"传闻，《史记》有"专诸刺僚、荆轲刺秦"等记载。而太极剑的产生、发展，则是近代武事，据前辈言：太极拳技，先有拳枪，后有剑刀，太极剑原型为双手持剑的道家"先天玄化剑"，晚清时被太极拳家借鉴，王宗岳《太极拳论》认为太极剑正是融合中华剑术之精髓，承中国剑术发展之底蕴，伴随太极拳的发展应运而生。

太极剑是太极拳类的短器械。由于太极拳在两三百年历史发展过程中产生了多种流派，因而太极剑的套路运动也有多种形式，包括由陈式太极拳演化发展而来的陈式太极剑（57式）、杨式太极拳对应的杨式太极剑（54式）、吴式太极拳对应的吴式太极剑，也成为乾坤剑、孙式太极拳对应的纯阳剑等，都是伴随太极拳的演变与发展，再融合不同形式的剑术，使太极剑形成多流派发展的体系。

太极剑的"剑"对应的是剑和剑术，剑、剑术与古代战争相联系，中华剑术博大精深，其总是伴随着战争的历程而发。太极剑有不同的剑法和套路，不同流派的太极剑都密切与中华剑术紧密相连，严格来说，太极剑融合中华剑术之精髓也是体现了剑术的御敌，攻防格斗的韵意在其中。而太极剑是太极拳的一种发展形式，深谙太极拳之原理，同时具备太极拳的攻防技巧以及强身健体之功能。当然，如今世界格局平稳，战争不存，太极剑虽说也源于战争，但在如今祥和的氛围中发展更多的还是它的强健体魄、陶冶性情、调节紧张的神经和疲惫身心等方面的功能。但我们也必须相信，若外敌侵略，太极剑也必会发挥其御敌之功能。

由于太极剑本身运动特点以及独特的健体功能，目前太极剑在全国多数地区都广为流行，习练者多集中在中老年群体，不少地区都有太极剑协会，民间自发的太极剑活动组织更是数不胜数。1957年原国家体育运动委员会（现为国家体育总局）组织创编了32式太极剑，意在普及太极剑剑法与套路，太极剑在全国范围得到迅速发展。再到20世纪80年代编定推广的42式太极剑，太极剑的发展空前鼎盛，国内习练者众多，太极剑也受到了外国的关注，太极剑的步伐开始迈向世界。

太极剑在沁河流域山西晋城一带也广有分布，小区广场、民间村落都有它的踪迹，流行的太极剑法和套路也不尽相同，但习练32式太极剑、42

式太极剑的还是较多。太极剑是当地人民不可或缺的文体娱乐的重要元素，广场上、村落间有数不清的小团体争相习练太极剑，不仅展现了当地人民精神文明，也能更好地强身健体。各地政府也对太极剑的发展大力支持，积极号召组织比赛，例如：泽州县在推进文化进村入户过程中，积极推进全县文化繁荣，成功举办了五届民间八音会赛，太极拳、太极剑人数达两千多人。倡导健康文明的生活风尚，活跃了群众文化生活。

一方面太极剑具有保健与养生、修养身心的双效功能。长期习练太极剑，能够促进机体代谢，增强人体免疫力，抵御疾病，延缓衰老，从而起到整体的治病强身功效。并且太极剑内外俱练、动中求静是相应的，舞剑后感到头脑格外清晰，精力充沛，经常坚持练习太极剑能使人精神饱满，情绪健康。太极剑的这些积极功效都是经过反复研究而得，对人们的积极影响也是共性的。因此，太极剑在沁河流域晋城一带的盛行也势必让当地群众受益，帮助晋城人民强健身体，促进精神健康，提高群众的生活质量。

另一方面，当地政府的支持，赛事的开展，都使太极剑运动在晋城一带得以盛行，太极剑运动在当地也一定程度上丰富了晋城人民的精神文明活动，倡导了健康文明的生活风尚，活跃了群众文化生活。

民间太极剑活动组织、太极剑协会、太极剑赛事以及平日群众的个人习练都是太极剑发展的组织方式，同时也无疑组成了一股强劲的太极剑传承的途径，这些方式在有效地将太极剑在当地发展传承下去。

太极剑主要剑法技术：现在民间习练者所练太极剑套路，主要以杨式太极剑法最为流行。太极剑主要有点、刺、劈、扫、带、抽、截、抹、撩、击、挂、托、拦等13种剑法。

太极剑的选用：练习太极剑最好选择标准的太极剑，也就是我们常见的带鞘的长剑，但是这种剑款式极多，在选择的时候我们就要注意以下几个太极剑的标准要求：第一，剑身和剑柄、剑尾的重量要平衡，测试方法：用右手的剑指（食指和中指）拖住长剑的剑身距护手一寸处的位置，若能平衡则为标准。第二，剑尖立地基本不弯，测试方法：将长剑的剑尖朝下立在地上，在手松开的一瞬间剑若基本不弯，则为标准。第三，剑身韧度为90度，测试方法：用手指捏住剑尖弯折，若能折到90度且基本不高于90度则为标准，过软过硬都为不宜。第四，以太极剑起式的姿势握剑，将剑紧贴手臂的后侧，若剑尖高于耳垂低于眉眼则为适合自己的尺寸。第五，标准太极剑的重量一般在600克左右，不同的身高尺寸，剑的重量会稍有偏差，一般相差在100克以内。

在沁河流域晋城附近，当地活动方式包括太极剑协会、团体，民间太极剑活动组织、群众个人习练等。太极剑习练者众多，习练人群的年龄构成、职业构成、阶层构成等不尽相同。城镇、乡村以中老年为主的各年龄阶段的习练者，有的在城市生活，有的在山村村落中生活。有的持太极名剑，有的持木剑甚至树枝，太极剑的习练者生活状态不一，繁多纷杂。

4. 形意相通：形意拳

形意拳，又称行意拳、心意六合拳，汉族传统拳术之一，中国武文化和东方神秘文化的重要组成部分，这是中华武术百花园中的一朵奇葩。

自形意拳出现后，不断在发展中创新、演变。自姬际可始祖以来，大致分为河南、山西、河北三大系。河南及山西部分派系称心意拳，河北及山西部分派系称形意拳，河南又分洛阳和南阳两支。在心意拳发展过程中，分流众多不同的派系。分化成不同的名字传承，包括心意六合拳、心意拳、形意拳等。清初，形意拳在山西、河南、河北得到广泛的传播，近百年来名手辈出。现代盛行的形意拳，是由河北深州李洛能从山西戴氏心意拳发展出来的，并加以定名。现在，形意拳作为传统武术项目，同时也作为我国优秀民俗体育文化的部分研究内容，已越来越受到人们的关注。形意拳的习练者也分布全国各地，其中山西分布最广，早已形成完整的发展体系。

形意拳在明清时期以山西为地缘中心逐渐发展兴盛起来，明清时期山西独特的地理环境、文化环境、经济环境与政治环境客观上促进了形意拳的产生与发展，而以人为本的 "仁"性人力资源伦理管理、以"信"为本的经营伦理管理、以"智、礼、义"为本的可持续生态伦理管理等文化规训与形意拳师的内化，则在主观上推动与实现了形意拳的有效传承与发展的大繁荣。至今，形意拳在山西的发展可谓鼎盛，而在悠久的沁河文化中，形意拳早已在此留下独属自己的烙印，形成了清晰的发展脉络。

就形意拳项目本身来讲：形意拳，讲究"身心合一，内外兼修"，"形练"与"内修"是习练形意拳的必不可少的两个组成部分。其动作中正不倚，打法可刚可柔，不同体质的人都可从事锻炼。形意拳有着很高的锻炼价值，长期练习形意拳不仅可以防身自卫，而且可强身健体、延年益寿，是一项有利于身心健康的体育运动。

就其社会功能分析，形意拳不仅对生理、心理和社会有很大的影响，而且可以传承传统优秀文化，它非常适合现代人对自我的完善和个性的发展，能够满足社会中大多数人的需要，适合我国的体育国情，在全民健身运动中发挥良好的推动作用。

形意拳以五行拳（劈、崩、钻、炮、横）和十二形拳（龙、虎、猴、马、鸡、鹞、燕、蛇、鼍、骀、鹰、熊）为基本拳法，其桩法以三体式为基础。山西一些地区有以"站丹田"（站丹田、射丹田者，山西戴式心意拳也）、"六合式"为基本桩法的。其他单练套路有五行连环（五行相克）、杂式锤、金刚八式、四把拳、十二洪捶、出入洞、五行相生、五行连贯、龙虎斗、八字功、上中下八手。对练套路有三手炮、五花炮、安身炮、九套环。器械练习以刀、枪、剑、棍为主，多以三合、六合、连环、三才等命名。各地流行的形意拳，除技术内容有所不同外，在风格上也各具特色。如河北一带的形意拳，拳势舒展，稳健扎实；山西流传的形意拳，拳势紧凑，劲力精巧；河南一带的形意拳，拳势勇猛，气势雄厚。

目前来看，随着形意拳不断地发展和演进，其生存空间与社会公信力得到了大幅度提升。拳种体系的沿革与完善、拳种风格的演变与创新、传承方式的革新、传承地域的拓展、传承队伍的壮大、传承效率的提升等途径都为形意拳的发展和传承提供了无穷的动力和保障。形意拳趁着极好的发展势头早已闻名大江南北，在全国各地拥有数不清的爱好者和习练者。其拳种风格也决定了它优秀的社会适应性，不分年龄，不分性别，不分阶级的特性能够满足社会中大多数人的需要，同时也为自身缔造了良好的传承途径和发展空间。

5. 放长击远：通背拳

通背拳，又称无极通背缠拳。主要流传于山西省洪洞县等地区的一种珍稀拳种，国家非物质文化遗产的一分子，是汉族传统拳术之一。其内容丰富、手法繁多、风格独特、技击性强，以并兼内外两家之优而别具于中国传统武坛。

洪洞通背拳，可谓中华武林艺苑中一颗璀璨的明珠，发展鼎盛的时期，它在山西乃至全国各地都有数量庞大的习练者和爱好者，甚至日本、美国、新加坡等国的外籍人士也都来此学习和了解这项优秀的中华拳术。如今随着时代的变迁、西方体育文化的冲击以及人们生活、价值观念的改变，通背拳面临着发展的考验，在当地民间，除了一些老拳师、传承人和少数爱好者之外，洪洞通背拳的习练者已经越来越少。乃至当地的很多老百姓和年轻人都不知道、也不关心还有一个属于洪洞的古老拳种——通背缠拳。

洪洞通背拳在山西境内主要流传于晋南各地，如洪洞、霍州、尧都区、河津、稷山以及晋城的沁源、沁水等地，在山东、河南、河北也有洪洞通背拳的踪影。另外，日本、美国、新加坡等国的外籍人士也有来此学习这项拳术的。在所有的这些地区，山西洪洞地区习练通背缠拳人数最多，分布也最广。

在沁河流域，洪洞通背在整个通背拳体系中占有最重要的地位。在当地众多的通背拳分支、流派，洪洞通背拳的发展体系最为健全，有专门的学校，有众多的洪洞通背拳的协会或其他民间团体、组织以及一众老拳师、传承人。沁河一带分布最广的当属晋城的沁源、沁水等地。

就项目本身而言：洪洞通背拳融汇了多种中国传统文化思想和观念，摄养生之精髓，集技击之大成，是中华武术宝库中一支优秀拳种。在当地，它是人们为之骄傲的文化符号象征，为人们提供了感情交流和文化交往的社会环境、平台。有助于改善当地民众关系，丰富当地的文娱生活，促进当地社会的和谐。通过对洪洞通背拳技术的演练和传统文化的领悟，有助于习练者德智体全面发展，发挥其重要的文娱价值、健身价值。

洪洞通背拳在练习时强调放松，精神、关节、肌肉等全身各个部位都要放松。通背拳的放松训练可使机体从紧张状态松弛下来，放松可使肌肉松弛并消除紧张，放松训练的直接目的是使肌肉放松，进而达到心理上的松弛，从而使机体保持内环境平衡与稳定。通过反复地练习，使人学会有意识地控制自身的心理生理活动，以达到降低机体唤醒水平，增强适应能力，调整因过度紧张而造成的生理、心理功能失调，起到对疾病的预防及治疗作用。放松训练对于应付紧张、焦虑、不安、气愤的情绪与情境非常有用，可以帮助人们振作精神，恢复体力，消除疲劳，稳定情绪，可以很好地缓解肌肉的疲劳。另外，洪洞通背拳能够使机体得到全面锻炼。因为通背缠拳有上、中、下之分，头、面、项、肩为上部，胸、心、肋、腰为中部，胯、腹、膝、脚为下部。习练时全身而动，繁杂的手法、腿法能够充分调动四肢肌群，而身体的闪转腾挪以及身体平衡则需核心肌群来维持。因此，长期习练能够有效地增强人的体质，达到全面锻炼的效果。

洪洞通背拳在技法上具有如下特征：

第一，节奏多变。快与慢结合，在洪洞通背拳谚语中有这样一句话，练习时要求"时而和风习习，时而狂风骤雨"，这充分说明洪洞通背拳具有，快慢相兼、动静分明、刚柔相济的特点。研究发现，洪洞通背拳的快慢节奏变化非常明显，快时动作像一阵疾风，慢时动作就像鹰在空中盘旋。轻与重交替，研究发现，洪洞通背拳的技术动作具有轻重分明的特点，轻时动作像云一样轻盈，令人难以察觉，常常在防守动作中体现出来。重时力量大，速度快，有迅雷不及掩耳之势，像钢铁砸下那样沉重有力，常常在进攻动作中体现出来。

第二，无处不圆。"左缠缠、右缠缠，顺藤摸瓜将臂栓"；"左螺旋、右螺旋，扳、搂、扶、捌要连环"。研究发现，洪洞通背拳的技术动作常常要求肢体不断地处于"圆"的运动之中，动作中处处带有弧形，带有缠绕。"圆"的运动始终贯穿于整个洪洞通背拳的技法之中。

第三，方法多变。"臂如藤条，刚柔共，闪惊巧取快如风"；"指上打下，要回冲，声东击西变无穷"。研究发现，洪洞通背拳的攻防、进退动作变化有出奇制胜、闪惊巧取、侧身而进、引诱回冲等特点。说明洪洞通背拳具有技术全面，技法丰富，动作繁多与技法灵活多变的特征。

第四，以短制长。"远靠手，近靠肘，不远不近是按手"；"全身上下都是拳，挨着哪里哪里打"。这两句话表明洪洞通背拳具有贴身缠斗、以短制长的技法特征。

第五，以快制力。"三手并作一手用，三步并作一步行"。洪洞通背拳攻防中，决定胜败的关键是快，这也洪洞通背拳重要的技术特征之一。当对手以大力用拳向我打来，近身之际，我可快速地通过缠、绕、搂、劈、架、砸等方法，绕开对方之力，使对手攻击路线偏离目标，改变其力点与方向，切不可硬碰硬，要用柔和之劲化掉其力量，由被动变主动。彰显出洪洞通背拳"以快制力"的技法特征。

洪洞通背拳在当地的组织方式多样，乡间村落有自发的习练团体，城镇闹市中有专门的协会、学校等组织。村间场院、花园广场，往往有一个或几个带头人大家就聚在一起习练拳法。协会或者当地政府组织的各类赛事也是洪洞通背拳一展拳脚的舞台。

2011年6月10山西洪洞通背拳在当地政府的大力支持下成功入选第三批国家级非物质文化遗产，这为洪洞通背拳的传承保护与发展提供了强有力的保障。但是现阶段洪洞通背拳的传承保护与发展依然面临着比较严峻的问题，通背缠拳的传承长期以来都是家族传承和师传为主要途径，家传，以家族为本，血缘关系为传承纽带。一般不会对外传承，这就造成了拳法的传承途径单一，很多优秀的拳法口诀、技巧失传。师徒传承主要采用"言传身教"的方法，完整保留下来的有文字性、记录性的材料很少，一些流传下来的老拳谱，多晦涩难懂，加之旧时封闭的传承思想，门派之间交流甚少，根本没有形成系统的理论支撑。另外，如今随着时代的变迁、西方体育文化的冲击以及人们生活、价值观念的改变，在当地民间，洪洞通背拳的习练者已经越来越少，甚至于当地人对于洪洞通背拳的发展也漠不关心。通过对洪洞通背拳传承人继承人数以及招收的徒弟人数的调查，发现只有少数几个传承人教授过徒弟，其他的几乎没有继承人。一些古老拳法正面临着伴随老拳师的逝世一起消失。很多器械套路的练习方法现在已经失传。这些因素都在很大程度上限制了通背缠拳与时俱进的良性发展。

通过调查发现，洪洞通背拳的参与人群主要集中在中老年，青少年人群的比例较小。其实通背缠拳项目自身对于习练者并无明显限制，属于不分年龄、不分地域、不分阶级、不分性别的全民健身性的武术运动项目。但由于正宗洪洞通背拳在发力技巧、动作规范、技击技术、套路等方面有独自的要求，这也造成现在很少人选择学习通背缠拳来锻炼健身，主要的活动者依然是那些老拳手、项目传承者以及少数的爱好者。由于项目没有系统的竞赛或考核机制，所以现在当地的活动者习练通背缠拳或为强身健体，或为兴趣爱好，或为文化传承，而非职业或必要技能等专门性发展。

6. 坐式八段：十二段锦

"十二段锦"又名"文八段锦"，也被称为"坐式八段锦"。在中国的清朝，十二段锦作为河南嵩山少林寺僧人的练习内功的内容之一，并于此后影响力逐渐扩大，作为内功锻炼功法被广为流传，并延续至今。十二段锦是基于立式八段锦之基础，与立式相对采用坐式，全套功法由十二个动作组合而成，并在2007年由国家体育总局健身气功管理中心予以再次创编，并广泛推广。十二段锦最早见于明代朱权之《活人心法》中，本名为"八段锦导引法"。之后见于冷谦的《修龄要旨》中，将之称之为"八段锦法"，不过实际的内容却与一般所称的"八段锦"有着很大的不同。其动作进行练习时均取坐式，所以又被称为"坐式八段锦"。清朝徐文弼的著作《寿世传真》中，将这种锻炼形式称之为"十二段锦"，并且对其十二个动作细节予以了说明。光绪年间，王祖源将咸丰年间的《卫生要术》易名为《内功图说》。"十二段锦"的动作特别简单，但只要持久坚持，亦能达到健身益寿、预防疾病之功效。

十二段锦全部动作有十二动，并且动静结合，阴阳协调。其静功的锻炼内容有调身、入静、调息，进而冥想，而动功的锻炼则运用了自我按摩、导引等方法。练习十二段锦时呼吸、导引、意念需相互协同配合，动作需柔和、自然、顺畅，全套动作虽然简单、明了，易学易练，但真正要达到其效果需要旷日持久的练习。其动作在清代同治十三年刻本《易筋经》中有这样的口诀总结："闭目冥心坐，握固静思神。叩齿三十六，两手抱昆仑。左右鸣天鼓，二十四度闻。微摆摇天柱。赤龙搅水津，鼓漱三十六，神水满口匀。一口分三咽，龙行虎自奔。闭气搓手热，背摩后精门。尽此一口气，想火烧脐轮。左右辘轳转。两脚放舒伸，叉手双虚托，低头攀足顿。以候神水至，再漱再吞津，如此三度毕，神水九次吞，咽下汩汩响，百脉自调匀。河车搬运毕，想发火烧身。金块十二段，子后午前行。勤行无间断，万疾化为尘。"自由国家体育总局健身气功管理中心进行重新创编推广以来，十二段锦受到了沁河流域广大健身爱好者的喜爱与广泛传播，目前在沁河一带已经广为流传。

附十二段锦练习方法：

①闭目冥心坐，握固静思神。

练习方法：双腿盘住坐于蒲团之上，双目轻闭，舌抵上颚，调身，调息，调心，摒除杂念，细数呼吸，坚持大约10分钟。要求立身中正，身不可歪斜。

注释：握固为大拇指屈于其余四指之下，如婴儿刚出生时的拳头。

静思：通过调身、调息、调心，摒除杂念，心灵安静。

②叩齿三十六，两手抱昆仑。

练习方法：上齿与下齿相击作响，一共三十六次，具有稳固牙齿，活动口腔的功能。以两手十指相互交叉，抱头，慢数呼吸9次。

注释：昆仑：指的是人体的头部。

③左右鸣天鼓，二十四度闻。

练习方法：9次呼吸结束后，双手放下，两手掌跟掩住两耳，食指压中指的上边，用力弹下，如击鼓状，左右共24次。

④微摆摇天柱。

练习方法：将头低下来，以脊柱为轴，分别向左后与右后看，左右各24次。

注释：天柱指的是脊柱，而脊柱的颈椎被称为"天柱骨"。

⑤赤龙搅水津，鼓漱三十六，神水满口匀。一口分三咽，龙行虎自奔。

练习方法：舌头在口腔中顺时针搅动，促使唾液分泌，之后将唾液在口腔中鼓漱三十六次，然后将鼓漱后的唾液汩汩有声地三次咽下。

注释：神水指的是唾液（津液）；赤龙指的是舌头。

⑥闭气搓手热，背摩后精门。

练习方法：唾液咽下后深深吸气一口，闭气不呼，并将双手进行相互摩擦，直至双手发热，然后将双手分别贴在腰部，一边上下摩擦一边进行呼气，反复练习26次，最后双手握固。

注释：精门指的是中医学上的肾腧穴。

⑦尽此一口气，想火烧脐轮。

练习方法：深吸气后闭住呼吸，用意念引导此气由上向下行，行至神阙穴后徐徐呼气直到吐尽，反复21次。

注释：神阙穴在肚脐部位，即下丹田。

⑧左右辘轳转。

练习方法：双臂弯曲，以脊为轴，左右旋转三十六次。

⑨两脚放舒伸，叉手双虚托。

练习方法：之后两脚向前伸展，双手十指交叉并反掌向上托起。像托起重物一般，然后缓缓放下，收于额前，9次。

⑩低头攀足顿。

练习方法：双手向前伸，双手握住双足，用力回扳，头向下低，12次，之后收腿盘膝而坐，双手握固。

⑪以候神水至，再漱再吞津。如此三度毕。神水九次吞，咽下汩汩响，百脉自调匀。

练习方法：舌头抵住上腭，闭目静坐，等待津液充满口腔，鼓漱三十六次，分成六次咽下。

⑫河车搬运毕，想发火烧身。金块十二段。子后午前行。勤行无间断，万疾化为尘。

练习方法：意念集中于脐下丹田，想象有一团热气，并将这一团热气导引下行，过会阴后沿背向上，直至头顶百会穴，之后顺两侧太阳穴，经耳根前、面颊，降至喉头、膻中，下行至神阙，归于下丹。每次练习5—10分钟，随功夫加深，时间慢慢延长。

7. 易其筋骨：易筋经

"易"由日、月二字合成，即日出而月入，月出而日入之意，象征着阴阳变化之太极，具有易变之意思；筋，指的是肌肉力量的来源。字形采用"力、肉、竹"，是会义字，指的筋骨的意思；经则是指方法、路线的意思。所以，《易筋经》的字面意思就是改善人体筋骨的方法。

易筋经相传为天竺和尚达摩所传，当年达摩只身东来，一路上助人颂法，后于少林寺落定，并在少林面壁九年。达摩本身内功深不可测，在面壁之后石壁上留下了他的影像。达摩悟得之后，留下了两卷秘经，秘经之一便是如今流传甚广的《易筋经》。清代傅金铨校订的道光版《易筋经》，其序言开篇即谓"昔达摩大师著《洗髓》《易筋》两经，而传于少林者惟《易筋经》，此非徒夸神勇于绝技也"。达摩原为南天竺国（南印度）人，公元526年来中国并最终到达嵩山少林寺，人称禅宗初祖。据《指月录》记载："越九年，欲返天竺，命门人曰：'时将至矣，汝等盍言所得乎？'有道副对曰：'如我所见不持文字，不离文字，而为道用。'祖曰："汝得吾皮。"尼总持曰：'我今所解，如庆喜见阿闷佛国，一见更不再见。'祖曰：'汝得吾肉。'道育曰：'四大本空，五阴非有。而见处，无一法可得。'祖曰：'汝得吾骨'。最后彗可礼拜，依位而立。祖曰'汝得吾髓。'"

在傅金铨本《易筋经》中有李靖序，该序从达摩说到二祖慧可"得吾髓"这句话衍生出达摩把《洗髓经》传给慧可之论，并且强调说并非"漫语"。至于"易筋"，此序强调"筋"对"连络周身，通行血气"的重要性。

自古以来，《易筋经》典籍与《洗髓经》并行流传于世，并有《伏气图说》《易筋经义》《少林拳术精义》等其他名称。从有关文献资料看，宋代托名"达摩"的著述非常多。例如，张君房编著的《道藏》，另外还有《云笈七签》《太平御览》等书，都收有相关著作。各种导引术也在此时流行于社会，而民间也广为流行通过修炼可以"易发""易血"的说法。

明代周履靖在《赤凤髓·食饮调护决第十二》中记述："一年易气，二年易血，三年易脉，四年易肉，五年易髓，六年易筋，七年易骨，八年易发，九年易形，即三万六千真神皆在身中，化为仙童。"文中"易髓""易筋"应与《易筋经》有先后联系。易筋经的习练内容有：韦驮献杵第一式、韦驮献杵第二式、韦驮献杵第三式、摘星换斗、倒转九牛尾、出爪亮翅式、九鬼把马刀式、三盘落地、青龙探爪、卧虎扑食、打躬式、掉尾式。据调查，晋城市是从2004年中国健身气功协会正式成立开始之际，就开始学习、练习健身气功易筋经。2001年国家体育总局健身气功管理中心成立，第二年便在原有易筋经的基础上创编了现在流行版本的易筋经，并流行于沁河流域一带，为这一地区全民健身发展提供了宝贵的素材。

8. 动物养生：五禽戏

五禽戏源于古代的仿生导引术，是东汉时期的著名医学家华佗（约145—208）在《庄子》"二禽戏"（"熊经鸟伸"）的基础上创编出来的。"五禽戏"这一名称及功效在《后汉书·方术列传·华佗传》中有记载："吾有一术，名五禽之戏：一曰虎，二曰鹿，三曰熊，四曰猿，五曰鸟。亦以除疾，兼利蹄足，以当导引。体有不快，起作一禽之戏，怡而汗出，因以着粉，身体轻便而欲食。普施行之，年九十余，耳目聪明，齿牙完坚。"而在南北朝时期的陶弘景之《养性延命录》中有对五禽戏更加详细的记载："虎戏者，四肢距地，前三掷，却二掷，长引腰，侧脚仰天，即返距行，前、却各七过也。鹿戏者，四肢距地，引项反顾，左三右二，左右伸脚，伸缩亦三亦二也。熊戏者，正仰以两手抱膝下，举头，左擗地七，右亦七，蹲地，以手左右托地。猿戏者，攀物自悬，伸缩身体，上下一七，以脚拘物自悬，左右七，手钩却立，按头各七。鸟戏者，双立手，翘一足，伸两臂，扬眉鼓力，各二七，坐伸脚，手挽足距各七，缩伸二臂各七也。夫五禽戏法，任力为之，以汗出为度，有汗以粉涂身，消谷食，益气力，除百病，能存行之者，必得延年。"陶弘景在该书中，不但对五禽戏的具体操作步骤进行了描绘，而且提出了五禽戏的锻炼原则——"任力为之，以汗出为度"。五禽戏发展至如今，已经形成了不少流派、其动作各有所不同。在华佗故里的安徽亳州地区，现在流行的主要是董文焕与刘时荣所传的华佗五禽戏。董文焕所传承的五禽戏套路，一共54个动作（虎戏13式、鹿戏9式、熊戏9式、猿戏10式、鸟戏13式）。而刘时荣所传承之"古本新探华佗五禽戏"借鉴了武术风格，除了套路（40个动作，每戏各8式）之外，还创编了华佗五禽剑（共44式，虎戏8式、鹿戏8式、熊戏8式、猿戏10式、鸟戏10式）等。而在沁河流域一带广为流传的五禽戏是2003年国家体育总局根据古代的导引吐纳之术，中医学的阴阳、五行学说、精气神学说、藏象学说、经络以及气血运行的法则，在总结前人养生经验的基础上提炼创编而成的，即仿效了虎的刚健、鹿的安舒、熊的沉稳、猿的灵巧、鸟的轻捷，要求动作中蕴含着这五禽的神韵，具有五禽的象形特征，每个动作各具特色。并把重新编排的"五禽戏"作为健身气功的内容之一向全国进行推广。现在国家推行的五禽戏的习练功法是：虎戏（虎托、虎扑）、鹿戏（鹿抵、鹿奔）、熊戏（熊运、熊晃）、猿戏（猿提、猿摘）、鸟戏（鸟飞、鸟伸）。

9. 声音导引：六字诀

六字诀的全称为"六字诀养生法"，传承于我国古代的以吐纳为主的养生功法。这套功法最大之特点是：通过呼吸吐纳为主要手段进行五脏身心的调理，即通过六种发音"嘘、呵、呼、呬、吹、嘻"与人体肝、心、脾、肺、肾、三焦进行对应，起到调整脏腑经络平衡，并用来治疗脏腑功能失调等亚健康疾病。其最早见于陶弘景之《养性延命录》，后来在隋代《诸病源候论》与宋代《圣济总录》等官方医学著作中都被收录，是古代以呼吸吐纳为主的健身功法之宝贵遗产。

关于呼吸吐纳对人体的作用，历代文献中有很多论述，比如秦汉时期的《吕氏春秋》便有导引呼吸治病的相关记载。再如《庄子·刻意》篇中有："吹呴呼吸，吐故纳新，熊径鸟伸，为寿而已矣。"《汉书·王褒传》中也有"呵嘘呼吸如矫松"这样的记载。南北朝时陶弘景在他的《养性延命录》这一著作中有"凡行气，以鼻纳气，以口吐气，微而行之，名曰长息。纳气有一，吐气有六。纳气一者谓吸也，吐气六者谓吹、呼、嘻、呵、嘘、呬，皆为长息吐气之法。时寒可吹，时温可呼，委曲治病，吹以去风，呼以去热，嘻以去烦，呵以下气，嘘以散滞，呬以解极"，可以视为六字诀的起始。到了隋代的天台宗高僧智顗法师，于其所著《修习止观坐禅法要》中认为："但观心想，用六种气治病者，即是观能治病。何谓六种气，一吹、二呼、三嘻、四呵、五嘘、六呬。此六种息皆于唇口中，想心方便，转侧而坐，绵微而用。颂曰：心配属呵肾属吹，脾呼肺呬圣皆知，肝脏热来嘘字治，三焦壅处但言嘻。"至唐朝医家孙思邈，按照五行相生的顺序，并配合了四时之节气，编写了《卫生歌》，为六字诀养生祛病奠定了一定的基础，歌云："春嘘明目夏呵心，秋呬冬吹肺肾宁。四季常呼脾化食，三焦嘻出热难停。发宜常梳气宜敛，齿宜数叩津宜咽。子欲不死修昆仑，双手摩擦常在面。"明朝《正统道藏·洞神部》中，对六字养生讲得更加具体："呬字，呬主肺，肺连五脏，受风即鼻塞，有疾作呬吐纳治之。呵字，呵主心，心连舌，心热舌干，有疾作呵吐纳治之。呼字，呼主脾，脾连唇，脾火热即唇焦，有疾作呼吐纳治之。嘘字，嘘主肝，肝连目，论云肝火盛则目赤，有疾作嘘吐纳治之。嘻字，嘻主三焦，有疾作嘻吐纳治之。"同时代的太医院的龚廷贤的著作《寿世保元》中，也谈到了六字的治病之法："不炼金丹，且吞玉液，呼出脏腑之毒，吸入天地之清。""五脏六腑之气，因五味熏灼不知，又六欲七情，积久生病，内伤脏腑，外攻九窍，以致百骸受病，轻则痼癖，甚则盲废，又重则伤亡，故太上悯之，以六字诀治五脏六腑之病。其法以呼字而自泻去脏腑之毒气，以吸气而自采天地之清气补气。当日小验，旬日大验，年后百病不生，延年益寿。卫生之宝，非人勿传。呼有六曰：嘘、呵、呼、呬、吹、嘻也，吸则一而已。呼有六者，以呵字治心气，以呼字治脾气，以呬字治肺气，以嘘字治肝气，以吹字治肾气，以嘻字治胆气。此六字诀，分主五脏六腑也。"总之六字诀全套练习每个字做六次呼吸，早晚各练三遍，日久必见功效。目前沁河流域所流行的六字诀，是2003年中国国家体育总局把重新编排后的六字诀等健身法作为"健身气功"的内容向全国推广，并为其发音作了标注 xū（嘘）hē（呵）hū（呼）sī（呬）chuī（吹）xī（嘻）。

10. 动动精华：八段锦

立式八段锦即俗称的八段锦，其内容最早在南宋曾慥的《道枢·众妙篇》中有所记载："仰掌上举以治三焦者也；左肝右肺如射雕焉；东西独托，所以安其脾胃矣；返复而顾，所以理其伤劳矣；大小朝天，所以通其五脏矣；咽津补气，左右挑其手；摆鳝之尾，所以祛心之疾矣；左右手以攀其足，所以治其腰矣。"这个时候的立八段锦还没有被称为立式八段锦，在同期陈元靓的《事林广记·修真秘旨》中将之称为："吕真人安乐法"，并且有如下总结："昂首仰托顺三焦；左肝右肺如射雕；东脾单托兼西胃；五劳回顾七伤调；鳝鱼摆尾通心气；两手搬脚定于腰；大小朝天安五脏；漱津咽纳指双挑。"到了明朝《道藏·灵剑子引导子午记》中有"导引诀"的记载，与陈元靓之"吕真人安乐法"大致相同："仰托一度理三焦；左肝右肺如射雕；东肝单托西通肾；五劳回顾七伤调；游鱼摆尾通心脏；手攀双足理于腰；次鸣天鼓三十六；两手掩耳后头敲。"清朝末年的《新出保身图说》首次将这种锻炼方法以"八段锦"命名，并绘制了练习图，创编了相对完整的套路，其文字记载如下："两手托天理三焦；左右开弓似射雕；调理脾胃须单举；五劳七伤往后瞧；摇头摆尾去心火；背后七颠百病消；攒拳怒目增气力；两手攀足固肾腰。"至此八段锦的动作确定了下来。在2002年，国家体育总局健身气功管理中心委托北京体育大学对立式八段锦进行了重新研究与整理，并将之定名为健身气功八段锦，其功法内容是：两手托天理三焦、左右开弓似射雕、调理脾胃需单举、五劳七伤往后瞧、摇头摆尾去心火、双手攀足固肾腰、攒拳怒目增气力、背后七颠百病消，并在沁河流域广为流传。

气功在长期发展过程中，形成了自己独特而精深的养生、健身理法，有着深厚的文化内涵，是中华民族所特有的传统体育运动项目和优秀文化遗产，是中国优秀传统文化的一个重要组成部分，是我国最具有群众基础的民族传统健身项目之一。继承和发展健身气功对于弘扬民族传统文化、提高人民生活质量、构建和谐社会等有重要意义。晋城市从2004年国家健身气功协会正式成立时，就开始推广、学习、练习健身气功、易筋经、健身气功五禽戏、健身气功六字诀、健身气功八段锦，当地也成立了健身气功协会。健身气功内涵丰富，适宜于各年龄阶段、各种不同人群的习练，其发展至今已有29个站点，习练人数达三千人，目前站点数量发展比较稳定，习练健身气功的人数也相对比较稳定，国家推广的9套健身气功晋城市现在都在推广，也有培训健身气功裁判员、教练员，且经常参加地方健身气功交流赛，庞大的习练者人数和深厚的群众基础对健身气功在当地的继承和发展有积极的作用。

五、千年历史　地域名人

　　位于沁河流域的晋城地区，依山傍水，地理位置险要。内有太行山、中条山、太岳山三座大山，不仅形成丰富的矿产资源、林业资源，还成为重要的军事关隘所在地。这里地处交通要道，以晋城地区为例，"河东屏障，冀南雄镇"就生动形象地说明了晋城地区地理环境和位置的重要性。晋城是山西的东南门户，北依上党、南邻中原、东眺冀鲁、西望洛阳，是三晋通往中原大地的交通要道，长久以来使得其成为兵家必争之地。例如屯城、武安就是长平之战时期所产生的；中庄的磐石寨据说是三国时期的军寨；明代李自成起义时期，沁河流域是主要的起义地；抗日战争时期，沁源县是太岳根据地的腹心，是太岳军区司令部所在地。

　　在这样经济繁荣与历史战争的不断交融下，出现了一辈又一辈的名人武将，他们为了百姓安居乐业，苦读兵书，保一方安乐。也许他们的名气并没有金代文学家赵可、清初名相陈廷敬、文学巨匠赵树理等大，但正是由于这些历代武将们的舍生取义、保家卫国的精神，才为这些文人提供了安定的生活环境，培育出一代又一代的文人墨客，孕育了沁河流域的灿烂文明。

　　这些武将们从东魏孝静帝年间（534—550）的林时茂，到如今的先进体育工作者姚林长，他们在不同的历史时期，利用自身优势或习练武功保家卫国，或锻炼身体增强青少年体质，或开创峨眉派武功传于后人。这样的精神不仅表现于个人，更是一个家族的展现，像屯城郑氏家族中的郑鼎，一生为国效力，最后战死在战场上，受到元世祖的嘉奖。还有沁源绵上郭氏父子，郭延鲁子承父（郭饶）业，苦读兵书，武艺高强，父子二人为了百姓安居，鞠躬尽瘁，值得赞扬。这样的人物在沁河流域一带不胜枚举，这些人的英雄事迹流传千百年。

　　沁河流域传统体育文化的构成，与武将们骁勇善战有着莫大的关系，正是这些英雄的存在，百姓们为了缅怀这些保卫他们安居乐业的武将，民间也逐步发展出许多儿童游戏，如骑马打仗、骑马等，为了进一步揭开沁河流域传统体育文化的神秘面纱，我们有必要对当地的上千年历史中的名人武将多些了解，多些敬佩！

1. 度辽将军: 陈龟(东汉)

陈龟,字叔珍,生卒年不详,东汉上党泫氏(今山西高平)人。他主要活动在汉顺帝至桓帝年间。汉桓帝曾任他为度辽将军。

陈龟的祖辈多为武将,长期戍守北方边地,在当地威望甚高。由于受家庭熏陶,他从小就很有志气,且武艺高强。汉顺帝永建年间,他被推举为孝廉,从此开始了戎马生涯,后来,他又经过五次转官升迁,成为五原郡太守,镇守于今蒙古河套地区。顺帝永和五年(140),又以中郎将的身份,出使匈奴。当时已归附东汉政府的南匈奴左部并不服从汉朝的统治,经常聚集众人滋扰生事,民不聊生,这才导致南匈奴内部出现了混乱局面。陈龟认为,之所以形成这种混乱局面,主要是由于南匈奴单于的统御能力太差,才引起内部的不满。由于当时战乱不断,局面混乱不堪,因此,陈龟在没有征得东汉政府同意的情况下,他就督促命令匈奴单于自裁,从而平定内乱。这一举措虽然暂时缓和了匈奴内部的矛盾,但他越权定事是很不恰当的,因而被东汉政府逮捕下狱。但出狱不久,又被皇帝任命为京兆尹,成为长安一带的地方长官。当时,长安附近豪强地主势力颇盛,侵凌百姓,地方官往往迁就姑息,不敢触动他们的利益。陈龟到任后,采取严厉措施,打击豪强势力,为受害的小民百姓评理申冤,使得京兆地区大治,百姓由此安居乐业。

汉桓帝即位后不久,西羌便开始侵扰边地,不仅杀害边郡长吏,还驱逐侵略当地的百姓。由于陈龟熟悉边地民情风俗,桓帝便任他为度辽将军,出守并、凉等州。陈龟仔细分析了当时边地的情况,认为边郡不靖,遂烟迭起,固然与少数民族的滋扰有关,但归根结底,还是因为汉政府的边郡官吏多为背公图私之徒。若不是他们滥用职权,侵扰边地各族人民,也不会引起边郡各族的反抗。他认为，若想安宁边地，必先整饬吏治。他以前任凉州刺史祝良为例，说祝良到凉州后，对于那些坑害百姓的官吏进行处罚，撤换了一州大半郡守及县级长令，使一州得以大治。陈龟十分赞赏祝良的做法，认为如果不是如此，边郡烽烟不可熄灭，各种矛盾也得不到缓和。因此，他建议更换匈奴、乌桓以及护羌中郎将、校尉等人，简练文武官员，提倡严明的法律，使"善吏知奉公之佑，恶者觉营私之祸"。文武官员必须改作风、树形象、勤政为民，尽职尽责，只有这样才可使边地的情况好转起来。桓帝听取并采纳了他的建议，更换了边地数州刺史，并将担负屯田任务的边郡太守、都尉等官吏多革除或易人，整顿了边疆吏治，为边疆巩固打下了基础。在此基础上，陈龟更进一步加强地方管理和士卒的选练，使边地"州郡重足震慄，鲜卑不敢近塞。省息经用，岁以亿计"。

与此同时，陈龟还非常注意和关心边地人民的生产以及生活状况，同情并切实解决他们的困难和疾苦。东汉以来，为了守护边疆，不断从内地征发百姓到边疆屯田戍守，他们和当地居民一起，为保卫边疆付出了极大的辛劳，有的甚至终身不得更调，世代成为边民。然而，边郡之地，究竟战争洗荡，一遇灾荒，生活尤其艰难。特别是当时的并、凉等州，"土地塉埆，鞍马为居，涉猎为业，男寡耕稼之利，女乞机杼之饶，守塞候望，悬命锋镝"。一场战争之后，整过国家进入休息状态，百姓们种的庄稼被毁灭，绿茵茵的青草被践踏，家徒四壁，家里的壮丁被抓走，只留下家里孤儿寡母，人们在这座空城里痛哭流涕，其悲惨景象难以形容。陈龟目睹这种状况，深深感到东汉政府边疆政策的不当，对东汉政府以及边地官吏苛剥边民深恶痛绝，遂上书桓帝，要他向唐尧舜禹、周文王、汉文帝等明君圣主学习，"体德行仁"，使"天下归之"。桓帝看到后，根据他的建议，免除了并、凉等州一年的租赋，从一定程度上调动了边地各族人民的生产积极性，对于加强边疆的防守也起了积极作用。

陈龟在担任度辽将军之职时，十分注意团结边疆各族人民，开发当地，发展经济，使那里的生产得到恢复，战争也逐步平息下来，从而使他自己在治理边疆中的卓越才能也得以施展。正是由于他能团结边疆及邻近各族人民，因而引起了那些内恃强权、外辱少数民族的官僚们的深深忌恨。显赫一时的梁冀就说他是沮毁国戚，陈龟深感其志难伸，便请求归田。不久被调任为尚书。由于梁冀专朝，他自知必将遇害，遂绝食七日死去。

他死后，并、凉等州及西域各少数民族追念他的恩德，都为他举哀，并常到他的墓前进行吊祭，以寄托对他的思念之情。历史证明，只要官员为人民群众做了好事，人民群众就会对他世世代代怀念不忘！[1]

2. 峨眉武术：林时茂（东魏）

　　林时茂，东魏孝静帝年间（534—550），任镇南大将。据《禅真逸史》中记载，林时茂愤怒当时相国之子践踏民田的行为，便义愤填膺将其当众呵斥并阻挠。相国之子因难以忍受这样的羞辱便对其进行迫害。林时茂便避祸于今山西、阳城的析城山中，在圣王坪上成汤庙侧首的望月庵出家，法名太空，号澹然。林澹然逃走后躲入深山，在尖山上的谷子洞中修行。修行期间巧遇鬼谷子仙师留下的天书，并至独峰山五花洞取《人权》《地衡》《天枢》三本秘籍，他日日以书习练，刻苦钻研，排兵布阵、降龙伏虎莫不是其所长。后来他在当地创建了千慎寺，在农历二月初二举行了开山法会（这也是二月二庙会的来历）。

　　后来太空师傅游历至南京任妙相寺副住持。正好发现妙相寺的住持钟守净已抛却佛戒，企图勾引一位有夫之妇，即住在寺院沈全之的妻子黎赛

---

[1]　马儒龄.新编晋籍武英传.太原：山西人民出版社，67

玉。副住持林澹然婉言相劝，愿其回头是岸，奈何他的做法不仅没起作用，反而招来钟守净的忌恨。于是，这钟守净乘梁武帝来寺烧香的机会，挑拨并煽动皇上希望可以赶走林副住持。林澹然听到后只好再次避祸逃走。梁武帝因听信小人谗言在林逃走后又派兵追拿，并张榜公告。林澹然逃无可逃终于在武平被梁武帝捉拿，扣押在狱中。怎料都督杜成治早年受过林的恩惠，为报答林便出面将他保释出来，连夜逃往魏国。梁武帝得知此事后非常生气，杜成治由于过度惊慌一口痰没上来便死了。梁武帝将他的家产全部没收，他的妾不久生下一名遗腹子，便取名叫伏威。林澹然逃走后来到四川峨眉山寻仙问道，他在峨眉山修行期间，将自己的一身武功传给了峨眉僧人，这也是峨眉派武功的起源。可以说峨眉武功出太空，也可以说峨眉武功出析城（今沁河流域一带）。

林澹然在四川峨眉山学道时先后结识了不少各路的英雄好汉，其中苗龙、李秀、薛志义三人得知他被妙相寺住持迫害的经过后，一起定计火烧了妙相寺，钟守净则死于墙下，然而此事被梁武帝得知后，发布诏令命各府州县严加查看山岭湖海，并发兵征剿。两方交战后，薛志义不小心跌入陷阱，为不受辱便自刎而死；李秀投崖身亡。只剩下苗龙，由于他急忙求救于林澹然所以幸免于难。

林澹然共收了三位徒弟，一是薛志义的儿子薛举，薛志义有一心腹名为胡小九，在大战中趁乱不顾个人安危救出薛志义的孩子贞儿，后来由林澹然抚育成长，取名为薛举，后拜师于林澹然。二是张太公孙张善相，张善相此人能文能武、吃苦耐劳，深受林澹然所喜爱。三是为救林澹然性命而牺牲自己一家人的都督杜成治之子杜伏威，一日，林澹然夜观星象，知武帝已死，遂派人寻访杜都督家眷，恰巧近邻一媒婆领来一个买来的小男孩，一打听竟是都督之子杜伏威，林澹然安排他与薛举一起读书。至此，林澹然已经收下三位徒弟，分别是：杜伏威、薛举、张善相。这三人同吃同住，情同手足，义结金兰。

三人均受到林澹然的真传，三人皆武艺高强，杜伏威屡上战场，奋勇杀敌，最终将仇人杀害得以祭奠亡父。张善相学成后，师傅林澹然将三卷经书传授于他，由于其颇具慧根，不久便深知兵法之奥妙，明白它的玄机。有一天武州郡刺史田龙秋企图夺取宝地，张善相毫不畏惧，攻破了他的毒龙吸髓法，这个地方的官员见此便赶快投降了。一月后，杜伏威、薛举、张善相兄弟三人一起回家乡省亲并且祭扫，再次与林澹然重会，随后三人各自回到自己的管辖地，励精图治，代民除害。十几年后，杜、薛、张三人约好时间一起饮酒，畅叙别情。又过了几年，隋朝遣大臣诱归杜、薛、张三人，他们的师傅林澹然也受到皇上封赏。林澹然拒绝封赏，辞别众人回到峨眉山。不久，唐兴隋灭，杜伏威受两位仙人点化与林澹然的教诲，决定遁入空门。林澹然圆寂后，薛举、张善相皆弃家学道，羽化成仙。传说至唐贞观年间，薛举下凡，救子于难，三人之子也早已归顺唐朝。

林澹然及其三位徒弟均具有高超的武艺，是中国峨眉武功的先辈，他们利用自身的特长路见不平，拔刀相助。三兄弟义结金兰为民除害，这是武术的精神所在，更是中华民族的精神所在。

3. 不让须眉：窦夫人（569—613）

位于沁水县嘉峰镇的窦庄村，有众多的城堡用来防御流寇的侵入，这座城堡被后人称为"夫人城"。之所以以女性称谓命名，是由于这位大门不出、二门不迈的夫人做出了一件不平凡的事情，值得后人尊敬。

霍氏，张铨的妻子，张无典的儿媳。天启三年（1623），告老还乡的南京大理寺正卿张无典说"度海内将乱，筑所居窦庄为堡"。于是开始修建窦庄城堡。说来也巧，在窦庄城堡建成的第二年，明崇祯四年五月，张献忠与王嘉胤率农民起义军从陕西杀入山西。他们打着杀富济贫的旗号，每到一户便抢劫富户，显然窦庄难逃此劫。

而此时的窦家，张铨殉国，张无典也已经去世。儿孙们在外为官，家里只剩张铨的妻子霍氏当家。族人请霍氏远走避难。霍氏说："避贼而出，家不保，出而遇贼，身更不保。等死耳，盍死于家。"于是率领僮仆坚守。夫人将庄中男丁六十七人，壮妇四十三人，共一百一十人组织起来，组成护庄兵丁，日夜习武，看守庄园。起义军攻打了四昼夜，当时情况敌强我弱，霍夫人想到一个办法：让当地的老百姓连夜在城里制作了几顶轿子，并命八名家里的僮仆抬着轿子在城墙上巡逻。起义军见状，无人敢继续攻城遂无功而返，城堡也终得保全。

《明史》记载：泽潞各州县除了窦庄小小的城堡外，俱被义军攻下。明兵备道王肇生上书褒扬"窦庄城"为"夫人城"，并亲赐御笔"艳鬼传芳"。第二年九月、十月起义军再次率三万人攻打仍然未遂，沁水、阳城一带也纷纷效仿窦庄，建起了军事与民用相结合的城堡，窦庄夫人城的美誉更是名扬千里。

4. 郭门武将：郭氏父子（五代十国）

郭饶，五代沁州绵上（今沁源绵上）人。他武艺高强，擅长骑马射箭，精于刀技，在战斗时勇猛超群。是后唐武皇时的武进士，由于他骁勇善战，立下无数军功，皇帝对其嘉奖授予其沁州刺使。在他在任的九年期间，勤政爱民，廉洁奉公，非常关心当地老百姓的疾苦，并一一解决。期满离任后当地的老百姓常常思念他，难以相忘。

后晋天福三年（938），蛮人越过边境前来侵略，郭饶随帅刘丕领军竭力抗拒。与侵略军日日战斗，且斗了数十回合，冲锋陷阵，骁勇善战，勇冠三军。由于敌人阴险狡猾，导致将领刘丕战死阵中，郭饶愤怒难耐，不顾危险，急驰前往阵中取其尸首，吓得蛮人不敢靠近。傍晚时分，双方各自引退，郭饶身上有十几处受伤，才平息了这场侵略。归葬帅后，又遇到河南王侯累反叛，尽管失去了大帅刘丕的领导，但郭饶还是决定再次率军向河南进军讨伐，怎知在途中被河南王所困，四周围上方的石头如雨般密集，朝着他们砸下，郭饶所乘的战马也被射死。在这样万分危急的情况下郭饶孤立无援，但他并没有感到害怕或者气馁，而是用右手杀敌，左手解开马鞍赤身搏战，他不顾之前所受的重伤奋勇抗敌，从而得以成功突围而出。于是再次领兵向河南进军，叛军原以为在那样的情况下郭饶不可能逃脱，正在其防御松懈时，郭饶率兵攻打，这次叛军毫无准备，遂打败。郭饶一生功勋卓著，用自己一身的武艺保护了本国的安全。高祖听说郭饶死后，悲痛难耐，举哀祭奠，赠司空，谥忠愍。并在绵上为他修建了郭公墓，以示哀悼。

郭延鲁，字德兴，五代沁州绵上（今沁源绵上）人。其父郭饶。年少时的郭延鲁体格强健、有勇有谋，继承了父亲优秀品格。五岁开始练习武艺，善用槊。在后唐武皇时，由于其军功卓著，屡战屡胜，因此同父亲一样成为沁州刺史。后来，庄宗以旧将之子，命他成为保卫军使，经常戍守在塞下，后来因为抵御契丹有功，封赏他是协谋定乱的功臣，加封他为检校兵部尚书、右神武都指挥都知兵马使。

天成中（927），汴州的朱守殷发起叛变，延鲁赶忙从东面驾车赶到叛变的地方。第一个赶到坎垒并且率先登上，成功守住了殷平。延鲁再次以军功升至汴州步军都指挥使，加检校尚书左仆射，受到朝廷嘉奖。

长兴中（931），累加检校司徒，又任天雄军北京马步军都校，领梧州刺史。清泰中（935），迁往复州成为复州刺史，在多年的为官中除了正常的俸禄之外，他未曾贪污受贿，大肆敛财，凡事以理服人，就事论事，使得当地百姓安居乐业。在其任期满时，全城百姓上章举留，舍不得这位衣食父母，这一举动受到了朝廷的嘉奖。高祖即位后，延鲁又迁任单州刺史，加检校太保，赐输诚奉义忠烈功臣。到任几个月后，由于身染重疾，卒于自己的办公住所，享年四十七岁。诏赠太傅。

郭饶、郭延鲁这对父子是当地有名的武将，他们用自己一身的武艺捍卫了国家，保障了一方百姓的安居乐业，骁勇善战、不畏艰险地捍卫着领土；鞠躬尽瘁、勤勤恳恳地为百姓服务着，这种精神值得后人称道、学习。[1]

5. 威震河塑：王彦（1090—1139）

王彦，字子才，生于宋哲宗元祐五年（1090），卒于宋高宗绍兴九年（1139），上党高平（今山西高平）人。他是北宋末、南宋初抗金名将，八字军首领。

王彦从小性格豪放，不拘一格，尤其喜读兵书，因此父亲送他入弓马子弟所习练，在弓马子弟所习练时，王彦天赋异禀，又肯勤加练习，受到老师们的一致认可。因此徽宗时，王彦便任清河县尉掌管军事，维护清河一带的安全。后两次入讨西夏，战场上他英勇顽强，立有许多战功。

北宋靖康元年（1126），金兵攻陷汴京（今河南开封）。次年，掠徽、钦二帝，宫中妇女、官吏以及金银财物而北撤。五月，宋康王赵构即位于南京（今河南商丘南），改元建炎，是为高宗，史称南宋。在此国

---

[1]　赵庆和.沁源人物志.北京：方志出版社，2—3

家、民族危亡之际，王彦不畏艰险依然离家投奔河北招抚使张所，受任河北招抚司都统制。九月，率张翼、白安民、岳飞等11名将领渡黄河，进攻金兵。由于王彦率军英勇作战，很快就收复了新乡。接着，与金兵再次发生战斗，王彦的部队被金兵团团围住。他只好率军奋力拼杀，很快冲出金兵包围。在突围中，其裨将岳飞因人马失散而自成一军，渡河奔归宗泽，王彦则率军先驻扎共城西山，其间多次派人与黄淮流域的抗金义军联络，但均未成功。金兵统帅非常惧怕王彦，便决定悬赏求购他的人头。王彦无奈，只好一夜换几处地方，从而躲避金朝暗探奸细对他的杀害。军中之士卒纷纷为王彦抗金决心所感动，便在脸部刺有"赤心报国，誓杀金贼"八字。由此，"八字军"的名声越传越远。从此，两河地区忠义民兵首领傅选、孟德、刘泽、焦文通等纷纷汇集在王彦麾下，绵延数百里地区10万人全归王彦管制。"八字军"的声势非常浩大，甚至金兵将领都不敢轻易去攻打王彦军营。

建炎三年（1129），知枢密院事张浚出任川陕京湖宣抚使，王彦被任命为前军统制，曾与金兵相持于富平（今陕西富平）。绍兴元年（1131）冬天，伪齐大将郭振率千骑进攻白石岭，王彦与宋将关师古合兵击败郭军，生擒郭振，收复了秦州。事后以功被张浚任命为节制商、陕、华诸州军马。伪大将桑仲败还襄阳（今湖北襄阳）后，又纠集人马，攻陷邓州（今河南邓州市）。接着，分兵三路，奔金州而来。王彦拒战于住口关、马郎岭，交战6天后，宋军遂平属地。

绍兴三年（1133），金兀术进攻陕西南部。二月，金兵攻饶风关（陕西石泉县饶风岭）。王彦率军击败刘豫部将周贵，收复金州，以功授保大军承宣使。次年五月，王彦遣部下许清与金兵在汉阴（今陕西安康）大战，打败金兵。不久王彦又率军在旬阳（今陕西旬阳）击败金兵。绍兴五年，王彦知荆州南府，充归州、峡州、荆门、公安军安抚使。他在荆南的荒芜土地上置军屯田，买牛1700头，分给官兵耕种，又营造农田850顷，初步改善了军队供给，减轻了国家负担。绍兴六年（1136）二月，朝廷任命王彦为行营前护副军都统制、督府参谋军事。十月又任王彦为浙西、淮东沿海制置副使。

自绍兴以来，朝政被投降派所把持，王彦"率兵北伐，恢复中原"的愿望终难以实现。而且就在这一年，他还被罢了官。他的"八字军"，即其所辖的前护副军，也被划给刘锜去统率。绍兴九年（1139）正月，宋金和议成立，南宋屈辱地向金称臣，并每年向金贡银25万两。这一切都使王彦感到失望，他由此而在忧愤中死去。

史称王彦"当建炎初，屡破大敌，威声震河塑"。王彦和他的"八字军"所做的一切，对于南宋政权的巩固发展、江南经济的繁荣、江南经济的繁荣、人民生活的安定以及整个社会文明的推进，都起到了十分重要的作用。然而他本是民族英雄，却为腐败无能的南宋政权所不容。于民族危难之际，其智勇天才本来尽可发挥，却被压抑而无法施展。可以看出，每逢政治腐败时，总是坏人得逞，好人遭殃，这完全是一种社会反常现象。但不可否认的是，王彦在国家存亡之际，坚决与侵略者做顽强的斗争，这种爱国情操是值得我们学习的。[1]

6. 也可拔都：郑鼎（1215—1277）

郑鼎，出生于金宣宗贞祐三年（1215），卒于元世祖至元十四年（1277），享年62岁，泽州阳城（今山西阳城人），是蒙元时期的军事将领，他的军事才华在当地人人称道，曾任镇国大将军。

郑鼎的父亲郑皋为金忠昌节度使，在郑鼎幼年时期，郑皋在战场上奋勇杀敌，怎料遭逮人暗算，含冤而死。年幼的郑鼎便

---

[1]　马儒龄.新编晋籍武英传.太原：山西人民出版社，334—335

失去了父亲，因此郑鼎奋发努力，希望可以做一名像父亲一样的男子汉，长大以后，郑鼎力大无比、身手矫捷，作战非常勇敢，尤其精于骑马射箭。郑鼎最开始便成为军队里的千夫长，主要负责管理泽、潞、辽、沁四路的上千军马。蒙古窝阔台汗六年（1234），他随从塔海绀不征伐蜀地（今四川地区），攻克二里散关，还师后驻扎在秦中。可没过多久宋将余侍郎便将栈道烧毁，率军围困兴元，在这样危急的关头，郑鼎果断地决定修复栈道，并率兵打败了宋兵，解除了对兴元的包围。蒙古乃马真后四年（1245），由于郑鼎屡立战功，被授为阳城县军民长官，主要负责阳城一带的地方安全。蒙古海迷失后二年（1250），郑鼎随从蒙哥汗出征大理国，从六盘山经过临洮，攻下西番诸城，到达雪山。尽管敌人占据显要地形，攻势较猛，但郑鼎毫不畏惧，与敌人生死搏斗，奋力拼杀。蒙哥汗看到后对他的勇敢颇为赞赏，赏赐给他三匹骏马。攻克大理后，郑鼎入朝觐见。这时的蒙哥汗已正式即位，是为宪宗。元宪宗对一些军事要务进行盘问，郑鼎奏对详明，并阐释出自己的意见。元宪宗听到后对此非常满意，因此赐名为"也可拔都"。

元宪宗九年（1259），郑鼎随从忽必烈南下征伐。在攻下大胜关，攻破台山寨之后，又乘胜追击，独身前往战场，不想到却陷入宋兵埋伏，但他还是毫无畏惧，英勇杀敌。忽必烈听说后急忙派人将他营救回来，并告诫他作为将领一定要慎重行事，千万不能逞匹夫之勇而轻举妄动，并嘱咐说："自今非奉朕命，毋得轻与敌接。"郑鼎听到后，颇为受教，这也为他今后成为镇远大将军，打下了良好的基础。

元世祖中统元年（1260），郑鼎战功卓著，遂被任命为平阳、太原两路万户。阿蓝答儿、浑都海之战发生后，他率本道军队征讨。第二年，元世祖命他统帅征西等军，戍守雁门关。不久之后，调任到河东南北路宣抚使。中统三年（1262），郑鼎被改授为平阳、太原宣慰使。

元世祖至元三年（1266），郑鼎又受封昭勇大将军授予平阳路总管之职。他为官清廉，从不接受百姓恩惠；办事务实，特别注重解决实际问题。翼城县北常五池是用来灌溉农田的，有一次，有两村为这北常五池争水，其中一方自知理亏，私下想行贿于郑鼎，希望北常五池可以两村一起使用，郑鼎不但拒收贿赂，还建立了一套法律程序，使得两村的农田都可以得到灌溉，两村村民皆大欢喜。平阳地区虽然地域狭小，但人口稠密，粮食匮乏。郑鼎为了解决这一问题，便从越城、卫店开引汾河水灌溉民田一千多顷，并设置水磨十多处；同时还开通了潞河鹏黄岭道，从这里运来了上党的粮食。鉴于泽、潞、辽、沁四周百姓到平阳"送纳差发"，路途太远，郑鼎在潞州设立永丰库收受，极大地方便了泽、潞等4州的百姓。此外，他还兴办学校，推行教化；修建横涧故桥，方便行旅等等。郑鼎作为一方父母官，从吃、穿、住、行不同方面为老百姓办实事，解决不少实际问题，当地老百姓过上了安居乐业的日子，得到人们的称颂。

至元七年（1270），郑鼎改敛书西蜀、四川。行尚书省，率兵巡查东川。路过嘉定时，遇到蜀兵，郑鼎带兵战于江水之中，活捉敌军将领李越，缴获战船甚多。

至元十一年（1274）元世祖下诏大举攻宋，令郑鼎率平阳、太原两路军从行。翌年正月，他奉旨镇守黄州。四月，改授淮西道宣慰使，镇守蕲州。至元十三年（1276），他被加封为昭毅大将军。至元十四年（1277），郑鼎又被提升为镇国大将军、湖北道宣慰使，移镇鄂州。

至元十四年（1277）五月，蕲、黄两州发生叛乱，郑鼎亲自领兵征讨，在樊口交战时，因船颠簸而被淹死。时年63岁。至元十七年（1280）元世祖追赠郑鼎为中书后丞，谥号"忠毅"，后又加赠宣忠保节功臣、平章政事、柱国，追封潞国公，改谥"忠肃"。郑鼎是元初有名的军事将领。在军事方面，他骁勇善战，奋勇向前；在政事上他兢兢业业，为当地老百姓安居乐业做出巨大贡献，也为元朝统一全国立下了大功。[1]

---

[1] 马儒龄.新编晋籍武英传.太原：山西人民出版社，357—358

7. 爱民如子：侯琎（1398—1450）

侯琎，字廷玉，生于明洪武三十一年
（1398），卒于明景泰元年（1450）。泽州
（今山西晋城）人，曾任明朝的兵部尚书。

侯琎少年时期就树立远大志向，苦读
兵书，文武双全。于是，在永乐二十一
年（1423）取得乡试第一，在宣德二年
（1427）又高中进士，后来教授于他人。在
这个时期，西南的川、广、滇交界地区，土
族的首领为争夺地盘经常互相仇杀，并且多
年不能平息，朝廷便命他前去调解。侯琎去
后将当地的父老乡亲聚集起来，根据《图考志》划定疆界，公平合理地处
理了遗留问题，并使边民心悦诚服，平息了纠纷。不久，侯琎又出使交
趾（今越南）。由于交趾关门狭小，前卫需猫腰驶进，侯琎看到后大声
叱责道："此乃狗洞，为何污辱天朝特使？！"交趾人便为他这句话毁
掉关门前来迎接众人。回朝后，侯琎便升为兵部主事。

正统元年（1436），侯琎因随兵部尚书柴车出征铁门关有功，便升为
兵部郎中。次年十月，云南麓川宣慰使思任发反明，发生叛乱。一直到正
统五年（1440），被镇守云南的黔国公沐昂率军才得以镇压下去。正统六
年（1441）正月，当权的宦官王振有命定西伯蒋贵为征蛮将军，由兵部尚
书王骥提督军务，调发四川、湖广、贵州三省15万大军，前往云南征讨思
任发的3万军队，侯琎以兵部左侍郎代杨宁镇守云南。其时云南连年遭受
兵燹之乱，又遇天灾，人民穷困不堪。他上任之后，立即开仓赈济饥民，
并招募富户捐输粮米，帮助大批饥民度过灾荒，当地灾民莫不感激。

正统十三年（1448），思任发的儿子思机发跑到云南与缅甸交界的孟
养作乱，王骥再次南征，侯琎与都督张轵亦分兵进剿。他率军直入，直抵
金沙江，在鬼哭山打破思机发的军队，受到朝廷玺书褒奖。

景泰初年（1450），贵州等地连年发生灾荒，当地汉官和土司又横加压迫，各族人民处于水深火热之中。贵州苗民在韦同烈领导下举行起义。义军攻占了新添、平越、清平、兴隆诸卫。明廷命侯琎总督贵州军务，率军前往镇压。侯琎到贵州后，先派兵攻打到卢、水西的起义军，很快打通了去贵阳的要道。又调云南兵大同毕节诸路，并亲率大军攻下紫塘和弥勒等十几个山寨。接着回师平越，解除了清平之围，攻占了兴隆，对起义军进行了残酷镇压。因而明廷对他大加奖赏，擢升他为兵部尚书。

景泰元年（1450）侯琎病死于普定军中，终年53岁。作为为统治阶级服务的将领，只需英勇善战，不怕牺牲。镇压农民起义或少数民族的侵扰，从阶级斗争的角度上去分析，这固然属于政治错误。但以军人天职看待，他们就是抵御外敌、镇压内乱。军队是保卫国家机器的重要工具，军人履行职责无错。照此，侯琎不愧为明之良将。

8. 志向尧舜：韩巍（明嘉靖）

韩巍，字体舜，号历山，明嘉靖年间郭壁人。从字号可见他崇拜舜帝，立志做尧舜那样的大英雄。年少时的他，他性格豪爽，刚毅正直，气度不凡，志向远大。成年以后，身材魁梧，力大无比，尚武崇文，足智多谋。他经常外出河南太康县经商，逐渐地成为当地商界精英人物。据韩巍墓志铭和古《太康县志》记载，韩巍经商期间以诚信为本，买卖公平，童叟无欺，乐善好施，扶危济贫。太康县杨家庙是一个大集镇，但一些地痞无赖、不法商人欺行霸市，缺斤短两成习，假冒伪劣成灾，老百姓深受其害，却是敢怒不敢言，正经商贾也是遇见就躲着走。只有韩巍不惧这些不法之徒，经常为维护老百姓和商人的正当利益出头露面，为此还常常与这些恶棍大打出手，后来他逐渐成为一个有影响力和号召力的人物。

明嘉靖三十二年（1553）七月，河南柘城人师尚诏不满当朝统治，聚众起义，首次攻入归德（今河南商丘），主要在西华、扶沟、许州一带流动作战。后来被将领曹邦辅袭击，于是败走至皖北，后又转入山东，在莘

县被捕去世。起义虽然只持续了近两个月，
但先后攻破一府二州八县，使三省都受震
动。当师尚诏部从睢县经太康县杨家庙大举
进攻太康县城时，当地的居民为避战乱，纷
纷逃离家乡。杨家庙的主事者和商贾、民众
找到韩巍，希望他能提出一些保卫家乡的妙
计来，几人常常聚在一起讨论抗敌政策。韩
巍认为，杨家庙距太康县城仅有25里，是太
康县的门户，如果门户被攻破，县城则危在
旦夕。若想抗敌，必须在杨家庙坚守拒敌，
一直等到官兵前来征剿，一举全歼流寇，才

能使太康县免于战火的摧残。当地人听到后，于是纷纷推举韩巍成为拒敌
领袖。可见，当异地他乡的居民面临危难时，他挺身而出，担当起拒敌重
任，这种精神值得称道。他登上杨家庙最高大的一座楼房，观察地形，召
集未逃居民，准备积极应战，他命令居民们将物资全都搬运到这座高楼
上，力求居高临下，一举击退来犯之敌。师尚诏部到了杨家庙后，果然受
到韩巍带领的乡勇的顽强抗击，檑木滚石齐下，成功打退了师尚诏先头部
队的多次进攻。后来师尚诏率大部人马到了杨家庙之后，经历了20余天的
激烈战斗，起义军人困马乏，粮饷不济，只好四处抢劫财物和食品，而一
些未及躲避和未及坚壁清野的老百姓深受其害，损失惨重。农军见杨家庙
早有准备，乡勇坚守着几处高楼，一时难以攻下，于是无意久留，准备稍
作休整后直攻太康县城。正在此时，守楼的仆人见一农军在喝酒，趁其不
备将其射杀。农军大声呼喊，将高楼团团围住，竖起云梯欲拔下此楼。韩
巍率领众乡勇以砖石、铁器等奋力还击，与农军在杨家庙相持了三天，互
攻不下。师尚诏急于攻下此楼，直奔太康，就下令火攻，尽管乡勇们被烧
死伤惨重，但是还用砖块、木料继续打击农军。敌众我寡，韩巍大喊一
声："吾得死矣！"持刀飞身下楼，杀入敌军中，多名农军死在韩巍刀
下。韩巍连日不眠，饮食无多，精疲力竭，最终由于寡不敌众而被捕。师

尚诏得知韩巍组织能力过人，武艺高强，并无心杀他，希望他可以留起在起义军中为将领。并经过多次劝导，许给他高官厚禄，但韩巍誓死不从。农军恼羞成怒，便将他的脸刺伤，血流满面的他引诱敌方首领近前谈话，却突然将满嘴鲜血向对方脸上喷去，并大骂其为"乌合之众"，必有战败的一天。农军首领被辱，竟残酷地将韩巍割舌剖腹致死。

韩巍带领乡勇拒敌之时，太康县的官吏惊慌失措，不知该如何拒敌。直到第二天官兵赶到进行支援，才仓促部署城防事宜。而此时师尚诏部已兵临城下，师尚诏为了大造声势，以壮军威，吓退守城官兵，竟然将所掠儿童挑于枪尖旋转取乐，可谓惨无人道。然而，师尚诏部正如韩巍所说的那样，是乌合之众，战斗力也极差，全凭王千斤等有勇无谋的将领冲锋陷阵。但那时的王千斤被韩巍所伤，力不从心，于是致使其锋锐大挫，又因为在杨家庙攻楼时致使这些起义军筋疲力尽，此时的太康县城又有援兵相助，一时难以攻陷，便乱哄哄地抱头鼠窜而逃去。起义军逃窜后，百姓和官吏痛定思痛，大家一致认为，正是韩巍在杨家庙的拼死搏斗，拖得农民军延误了战机，使得太康城免于战火摧残。三天后，杨家庙人霍镇将韩巍遗体收敛，并交给韩巍的妻子与孩子运回郭壁村安葬。

后韩巍妻何氏和士民上奏韩巍抗农军之义举，经河南巡抚请封，赠韩巍奉训大夫，皇上下旨，在太康县城北建祠赐额，子孙世袭。韩巍父韩锐诰赠文林郎、母张氏赠孺人、妻何氏封恭人。明万历十六年（1588），隰川府宗理、国王朱俊梗，以状闻，诏令祠祀，授韩巍子韩子明、孙韩沣为奉祀官，并将其女许配与韩子明为妻。从此，韩巍后代便定居于太康县，明清时也曾多次回乡祭祀韩巍，并重新修造了郭壁韩氏家谱。太康韩巍祠楹联云：舍生取义先人志，崇德报功大君恩。太康知县富勒赫在重修韩巍祠时，为韩巍作传；赐进士出身、浙江副使、沁水人郭显忠（县志无此人）亦为韩巍作传，载于《沁水县志》；赐进士出身、奉直大夫、户部郎中秦尚明为韩巍墓碑篆额；赐进士出身、亚中大夫、山西布政司左参政兼按察司金事杜文焕书丹勒石。韩巍传曰："韩巍立身天地间，持大节、捍大患务在审时，审其时务在得其所，得其所有视死如归。"他用自己宝贵的生命换取了太康县民众的平安，为社稷、黎民英勇献身，重于泰山，流芳千古。四百多年来，韩魏祠经历代修葺，栋宇生辉，香火旺盛，由此可见百姓对他的崇敬之情。[1]

9. 太极拳论：王宗岳（明朝万历）

　　王宗岳，出生于明嘉靖十四年（1535）左右，以经商做生意为生，经常往来于河南郑州与山西阳城之间。由于两地路途遥远，经常在路上遭遇歹徒，因此王宗岳练就了一身好武艺，尤其在太极拳方面有极高修养，人们将他尊称为称"华北大侠"。武式太极拳开创者武禹襄之甥李亦畲1867年的《太极拳小序》[2]载："太极拳始自宋张三丰，其精微巧妙，王宗岳论详且尽矣……"这是近代太极拳源流的最早记载，也是关于王宗岳生平最为翔实的论述，以及对太极拳造诣的肯定。

　　他在太极拳的发展史上贡献主要表现在两方面。首先，他对张三丰的六首太极拳经进行阐释，张三丰是元代技击家，被奉为武当派创立者。王宗岳写出了太极拳发展史上划时代的作品——《太极拳论》，书中主要概括太极拳理论与实践关系的探讨，使得太极拳步入正确的轨道，指导着太极拳健康良性地发展，因此不论后来太极拳发展为多少拳种，都被统一尊为经典之首。王宗岳得太极拳、长拳一百〇八式及推手之传，他所写的《太极拳论》主要是关于太极拳拳架和推手训练等方面的论述，《打手歌》是对技击技术与防身技术的论述，《长拳解》以五行八卦为视角，

《阴符枪谱》中的枪法则以阴符为主研究。阴，暗也；符，合也。阴符者，"静处为阴动则符"也；阴符枪诀主张虚实、刚柔、阴阳之间的互相使用，粘随但不脱，就如蛇缠绕着身体。

再者，他慧眼识珠，严格按照武当内家拳选择土地的方法和准则，选择了河南蒋发作为衣钵传人，使太极拳北派能够开创形成，功劳可见一斑。蒋发在明万历二十四年（1596）赴山西跟随王林桢（字宗岳）学拳七年。于明万历三十一年（1603）拜别师傅回到河南赵堡镇，他在这里开创了赵堡太极拳，并在河南温县赵堡镇传授此技，使得北派太极拳开始流传于世，并将其发扬光大。

王宗岳收蒋发为徒，有三种说法。一为李派太极拳传人公布的陈派太极拳宗师陈长兴，关于太极拳源流的《序》中讲：少年时的蒋发常常练习少林外家拳，有一次在庙会上同众人比试拳术，围观的人越来越多，忽然看见场外有两位客人牵着马，站在不远处观赏。其中一位较为年长的人，对这些练拳的人似有菲薄之意，又好像有怜惜之情。蒋发看到后陷入深思，他的一位挚友把他拉到无人处说："适才牵马二客甚为赞美你，年轻者还说可昔此子未得真传，若在吾兄门下，不出十年，必能成名于天下。"蒋发后来知道这两位客人为练艺高人，于是悄悄尾随他们一直到无人处时，便长跪在二位客人面前，恳求拜师。这位年长者看见蒋发诚心拜师，便说如果想下定决心学艺，说好在下月某日中午时分，就在这棵杨柳下等候。到了那天时蒋发正在垂杨柳下恭候二位，果然二位客人乘马而来。年长者便是王宗岳，于是收蒋发为徒，将他带回山西传授。二为据赵堡太极拳宗师郑悟清所述、郑瑞整理的《武当赵堡和式太极拳阐秘》记载：在明万历年间，山西阳城王宗岳与另一高手行至郑州检查生意，晚上住宿在赵堡，某日见许多人练拳，二人注意到蒋发，便议论说这位穿紫花布衫的少年资质甚佳，可教。蒋发知道后心知遇到伯乐，渴望王宗岳指点一二，便多方恳求拜师学艺，王宗岳看他心诚志坚，才决定收蒋发为徒，并约定好日期，等他（王宗岳）从郑州回来，一起回山西学拳，二人感情如同父子。后来由于王宗岳年事渐高，便让其女代父授拳于蒋发。蒋发学成回来传拳于赵堡时，人们常称赵堡太极拳是"大姑娘拳"。三为杨派太极拳传人——王矫宇在1934年接受《北平时报》记者王柱宇的采访时说，听宗师杨禄禅所言，蒋发幼年因为出天花，因此头上形成许多疤痕，头发未能长全。王宗岳先生便称他为秃小子，蒋发正值少年，爱美的年纪，听到这个称呼后勃然大怒，因此决定与王宗岳一较高下，结果一连三次被王宗岳打出数丈远，将发一看便知道遇到高手了，急忙跑到王宗岳面前，跪地磕头连呼师父，一直磕到头上流出血来，王宗岳见此决定收他为徒。这三种说法虽然略有出入，部分地方还有夸张润色之词，但在王宗岳慧眼识人，收蒋发为徒的事实是一致的。

王宗岳所学道门中的太极拳，究竟师承何处？因受传拳人告诫，对后人不明示师父姓名，只说是"云游道人"所传。只在其《太极拳势》的最后写："此系武当山张三丰祖师遗论，欲天下英雄豪杰延年益寿，不徒作技艺之末耳。"其拳法的传承在历史上有相关记载，值得一提的是他的第一代传人——蒋发，于明万历二十四年（1596）赴山西跟随王林桢（字宗岳）学拳七年。返乡后，在河南温县赵堡镇传授此技。因此，王宗岳是武当赵堡（和式）太极拳宗师。继而，三传邢喜怀，四传张楚臣，五传陈敬柏，六传张宗禹，七传张彦，八传陈清平。王宗岳为我国太极拳的发展打下了坚实的理论基础，受到了后人的无限敬仰。

10. 精忠报国：张铨（1575—1621）

张铨，字宇衡，号见平，生于明万历三年（1575），卒于天启元年（1621），山西沁水（今山西沁水县窦庄）人，参加抗击后金，并未有明确职务，在辽阳战斗中被俘遭后金杀害，明廷追赠他为兵部尚书。

张铨于万历三十二年（1604）中进士，由保定推官升任御史，巡视山西茶马，后补江西巡按。万历四十六年（1618），后金首领努尔哈赤兴兵反明，辽东总兵张承荫兵败阵亡。明廷遂任杨镐为兵部左侍郎，经略辽东。杨镐就任后，奉朝廷之谕，拟调福建、浙江、四川、甘肃四路兵马

8.8万人，以图集中力量摧毁后金政权。张铨闻讯，立即上书明廷，认为后金所据疆土山川险峻，明廷对其地理风貌知之甚少，如孤军深入，后路必被敌军所抄；况且在空旷之地以骑兵突袭野战是后金军之所长、明军之所短，以短击长，非实效之举。他主张从当时的情况出发，应就近招募兵丁，整训后将其屯驻于险要关隘之处，以防卫边境地带；并强调以重金厚抚北关，在敌邦内部扶持对立集团，以此来遏制后金的不断侵扰。同时他还以为杨镐并非统军帅才，因而竭力推荐熊廷弼取而代之。

万历四十七年（1619），后金军机动作战，大败明军四路兵马于萨尔浒（今辽宁抚顺浑河南岸）。明廷对后金未能先发制人，结果造成以后的被动。天启元年（1621）三月，后金兵攻陷沈阳，明总兵贺世贤、尤世功等将领战死。鉴于形势恶化，张铨请求朝廷速令巡抚薛国用率河西军进驻海州（今辽宁海城），蓟辽总督文球统山海关兵驻扎广宁（今辽宁北镇市），以成掎角之势，随时增援。但奏疏刚上，后金军即包围了辽阳，把据守辽阳的张铨与经略袁应泰皆困于城中。袁应泰虽然发命张铨退保河西，以图日后复城之便，但张铨被俘后决心以死报国，他整冠净衣，首拜京城皇宫，再拜家乡父老，然后自杀身亡，时年46岁。

张铨尽忠的消息传至京师后，明廷追赠他为大理卿，后又追赠他为兵部尚书，谥号"忠烈"。他虽置身军务，但还不忘潜心治学，他勤奋笔耕，著述颇丰。有《春秋补传》12卷、《国史纪闻》12卷、《鉴古录》6卷、《南燕录》5卷。另有《张忠烈公奏疏》《张忠烈存集》《胜游草》等书。

张铨一生以天下事为重。在辽阳抗击后金，虽竭尽全力，终无济于事。因为此时的大明王朝已处于风雨飘摇之中，颓势既成，虽有张铨等一些忠臣良将尽忠报国，但也难挽其将倾之势，而他这种保家卫国、不畏牺牲的勇敢精神值得后人称颂。

11. 一甲头名：张大经（？—1773）

凤台县（今山西晋城）人，字建常，生于哪年未有明确记载，卒于乾隆三十八年（1773），由于张大经身材高大、武艺高强，在晋城一带颇具名气。清代时，武举的选拔受到较大程度的重视，选拔制度严密，录取也相当公正，于是吸引了不少武林高手前去参加。张大经便是其中之一。他在乾隆十六年（1751），位列一甲中的头名武状元，武状元的选拔要通过层层考试，先是童试，考中者称为"武秀才"；二是乡试，中者为"武举人"；三是会试，考中者为"武进士"；最后是殿试（即庭试），共分为三等，称为三甲，一甲头名是武状元，再次是武榜眼、武探花。由此可见，张大经在那年已取得相当于现今的全国范围内的高考状元，后被清政府授为头等侍卫，后来官至总兵。

乾隆三十七年（1722），由于清政府继续实行元代的改土归流政策，对西南地区加强政治管制，这种制度的落后性日益显著，四川西北部的大小金川地区，越来越多的少数民族上层不满清政府的统制，于是率领众人进行反抗。张大经时任陕西兴汉镇总兵，离西南地区较近，于是奉朝廷的命令领兵两千人，奔赴四川大小金川前线，与此同时各路清军也在叛乱地点汇合，一起担负起平定金川叛乱的任务。清军进攻金川地区的资哩时，中路由张大经率兵进攻，什旧寨、本尔古罗、卡了等地被相继攻克。在攻打布朗郭宗的战斗中，他骁勇善战，率兵焚烧叛乱者聚众的地方，击毙了许多叛乱者，使这次平定叛乱的战斗取得决定性的胜利。叛乱者见此顺势投降。由此，朝廷授予张大经功加三等。

乾隆三十八年（1773），清兵攻打葛尔拉，张大经不畏艰险冒雪率兵登上山口顶峰，为清军顺利进攻葛尔拉排除了障碍。清军移扎木果木大营后，张大经又率兵攻打斯东寨，逼迫土人武装弃寨而逃。同年六月，金川人马又攻破了清军木果木大营，驻守在离木果木较远的达咱夹山梁的张大经，得知木果木大营失守的消息后，立即率兵前往救援。但因在途中与敌遭遇，尽管已经奋力冲杀，但到了晚上，风沙漫天，士兵们都颇为憔悴疲惫不堪，叛贼众人又占据有利地形，在高阜列枪炮，对着城下扫荡。张大经不敌遭到重创，为不受辱，最终以投海殉职。乾隆皇帝知道详情后，对此评价说："总兵张大经，效命行间，亦殊可悯。"于是张大经的后代世袭骑都尉一职。在金川之战中，张大经为维护国家的统一，以身殉职，这种英烈精神是永垂不朽的。[1]

12. 来者君子：范老收（1881—1952）

武林高手范玉江（1881—1952），乳名范老收，意思是年年都有好收成，饿不了肚子。阳城县白桑乡洪上村人。由于家境贫寒，在学堂的日子屈指可数。年仅13岁就跟随其父到张家口经商，做些小买卖。后来，他在一家姓牛的杂货铺里当小伙计，牛掌柜从山东请来了一位叫刘文奇的有名拳师，教其儿子学艺，老收看到十分好奇，便也跟着学。刘文奇素有"神手"之称。他见范老收生得身材魁伟，脸上有一股英气，又十分下功夫，就格外器重。后来范老收就成为刘文奇的得意门生。范老收最擅长的是"仙人掌"拳术，又善用马刀和铜锤等冷兵器。

清光绪三十年（1904），年仅23岁的范老收替人到山东济南讨账，住在山西老乡晋城商人刘某家里。刘的邻居是山东省响马的总头目，与玉江两次比武都被击败，因此心怀怨恨，纠集了12个响马[2]，准备使用诡计制服范老收。范老收收好账，便雇了一位身强力壮的小伙子推车，自己也跟

[1] 马儒龄.新编晋籍武英传.太原：山西人民出版社，400

[2] 响马，古指拦路抢劫的强盗，又称"响马子"指盗贼，马贼等作恶多端，为非作歹之人

着保护。途中逐渐发现每隔一段就有一人尾随。不久，就有12个人与范老收同行。范老收马上料定这十二人全部是响马，于是便用武林中的行话与他们攀谈，谈各门派的风格和特点，谈各地方的领军人物。这12个人听范老收说的，认为其大有来头，吓得陆续偷偷地溜走。范老收不仅武艺高强，在面临危险时临危不惧、急中生智，避免了这次危及性命的灾难。范老收还在归途中，范玉江的师傅刘文奇已在张家口听到范玉江在山东被
土匪大卸八块钱没人亡的风声，悲痛难耐，二话不说急忙连夜赶往山东决定为他报仇。势必将这些贼人绳之以法，怎料路上遇到范老收，看到其安然无事，遂放下心来。

宣统年间（1909—1911），范老收第二次赴山东要账，响马的头目总是请范老收"赴宴"或者"切磋武艺"。并扬言"来者君子，不来小人"。范老收也是有请必到，毫无惧色。有一次在席间，对方座上有一好汉用匕首插鱼，怎奈匕首角度突然一变，"唰"的一声戳进范老收的嘴里。范老收"当"的一声用牙把匕首咬断两寸，吃了鱼肉，并调正匕首的匕尖，"哧"的一声将匕首从口中喷出，插进一丈以外的木柱上。在座众人大惊失色，面面相觑。响马头目看到此景后急忙面带微笑给范玉江敬酒赔礼道歉，连连叫好。随即又拿出自己的"名片"并双手奉上，说只要有此"护照"，在山东就能畅行无阻。范老收凭借自己勇敢果断、临危不惧、急中生智、刻苦努力等优秀品格深受师傅刘文奇的赏识，最终成为享誉一方的武林高手。

13. 仙猿通背：杨意（1891—1973）

杨意又名杨继忠，沁源县韩洪乡韩洪村人。从小家境贫寒，以牧羊为

生。后来渐渐为平遥商行驱赶牲畜，从此时起，受专人指点练习武艺。在其坚持不懈的努力下，练就一套"仙猿通背"拳，除此之外，它对刀、枪、剑、钺等都相当精通。

20世纪初，帝国主义大肆侵略，清政府的软弱无能，一面加强武力镇压，一面上演"预备立宪"的丑剧，企图愚弄人民。在这样的历史条件下，在全国兴起"义和团"运动。杨意为了摆脱清政府的统治，杨积极响应义和团的号召，并在本村组建了"拳房"，自己担任主教练。由于其武艺高强，全国各地有不少人慕名而来，拳房逐渐名声大震，后被郭道聘请为"团术教练"。为义和团运动、为反抗清政府的软弱无能，贡献了自己的一份力量。

杨意先后参加了山西省政府在太原举办的武术擂台赛并取得优异成绩；被晋南洪洞、赵城、临汾、运城等地聘为武术教练，培养了一大批武林高手；他在韩洪、李城创办了蒲剧戏班子巡回各地演出，宣传民族精神和救亡图存的道理，当地人深受启发；1936年在汾西县任武术教练期间，红军东渡，配合地下党组织组建了华北制药所，不畏敌人严刑拷打，坚持为伤员提供药品，受到共产党员的一致认可；抗日战争爆发后，杨意率领众弟子参军。很快便成为抗日骨干、杀敌英雄，抗日战争中由于这批武艺高强者的参与，鼓舞了士兵们的士气。他还组织乡亲送公粮、抬担架，支援前线，战场上出现一幅"军民团结一家人，抵御外来侵略者"的美好画面；在抗日战争中杨意参加了百团大战，在解放战争中他又参加了上党战役，凭借自身的好武艺为中华人民共和国的成立贡献出自身的一份力。新中国成立后，杨意随女儿在天津、北京居住，他未因舒适的环境而放弃对武学的研究，反而继续传授武艺，后又被天津市河西区聘为武术教练，被北京外胸腔专科医院聘为武术教练。杨意一生为国家培养了不少武术人才，老年重返故土。1973年在韩洪村病逝，享年82岁。他一生以武术为生、以武术为荣，早年为摆脱帝国主义侵略、封建王朝的统治"以武抵抗"，中年为摆脱日伪军的侵略"以武杀敌"，老年为发扬中华传统武术"以武育人"，这些生平事迹值得每一位武术家称颂。

后 记

　　英国哲学家斯宾塞有句名言："身体是所有智慧、道德、品质的载体，就像一条船一样，它将和它所装载的东西一起，去完成人生的漫长航程。"身体的记忆、文化的载体，沁河流域山川河流所孕育的这一方百姓，通过身体的记忆述说着沁河流域美丽的文化，最终形成了延绵的文明，用身心继续将其传承，去承接"不要让我们的文化记忆，变成文化失忆"的呐喊，文明的起点是身体，继承与发展依然离不开我们的身体。

　　远古盘古开天辟地时期是这样描述人类的："天气滋鸿，萌芽兹始，遂分天地，肇立乾坤。启阴感阳，分布元气，乃孕中和，是为人也。首生盘古，垂死化舟，气成风云，声和雷霆，左眼为日，右眼为月，四肢五体为四极五岳，血液为江河，筋脉为地理，肌肉为田土，发髭为星辰，皮毛为草木，齿骨为金石，精髓为珠玉，汗流为两泽，身之诸虫，因风所感，化为黎甿。"[1]以上就是古代盘古"垂死化身"的故事，由此揭开了中国人对于身体的认知。《道枢》云："神者，生形者也；形者，成神者也。故形不得其神，斯不能自生矣；神不得其形，斯不能自成矣。形神合同，更相生，更相和成，斯可矣"，嵇康提出："形恃神以立，神恃形以存"，《黄帝内经》："形体不蔽，精神不散"，"精神内伤，身必败亡"以及在此认识基础上产生的"动以养形，静以养神"的养生思想，而这些都能够统一在身、心的整体一元性上。说明身体并不仅仅是生理器官的组合，更是一个动态的身心合一的整体。明代大儒王阳明更是提出了

　　[1]　陈钧.创世神话[M].北京：东方出版社，1997，124—180

"吾心即宇宙，宇宙即吾心"的天人合一思想，"盖天地万物与人原是一体，其发窍之最精处，是人心一点灵明。风雨露雷日月星辰禽兽草木山川土石，与人原只一体。"这种大宇宙、小宇宙、身心合一、天人合一的思想贯穿于华夏古今。这种身心、天人合一的思想并不单独存在于中国，西方学者约翰·奥尼尔通过研究与思考得出这样的结论："人类身体与宇宙万物之间存在着一种整体和谐的发展态势。"并提出了"世界身体"的概念，这些跟天人合一的思想有着某些不谋而合之处。可见"身体的自然属性与文化属性亦是相互交织起来，难以截然区分的。没有离开了自然生理躯体而存在的人，同时，也不可能有完全不具文化色彩的纯躯体的存在。"[1]所以不难理解文化对身体的濡养作用，与身体对文化的传承之双重作用。文化理念的形成和传播脱离不了气候条件和自然地理环境的作用，同时辛勤劳作的人民大众是文化的创造者，而人类身体的物质属性决定了他们以何种方式去适应自然、去想方设法改造和合理地去利用自然，所以无论在什么时候身体在文化传承的过程中永远都是居于首位的，它无可替代。

沁河流域博大精深的历史文化和源远流长的人类文明，使我们领略了先民们的无穷智慧，记载了前辈们的辉煌业绩，留下了丰厚的历史文化遗产，如何去更好地使这一人类历史的文化得到继承和传递，并且更好地为后人所用，既是历史留给我们的使命和艰巨任务，同时更是现代社会赋予体育人的历史使命和神圣职责。沁河流域作为华夏文明的起源地，对沁河流域历史文化的研究与传承在我国文化研究上有着重要的意义，同时文化越是民族的就越是世界的，即使在我们现今科学技术发达的今天，再高明的理论研究成果也得在人民大众中广为流传才能发挥它应有的作用，否则只能是放在实验室中的陈列品，对沁河流域民俗体育的研究也是为了还文化于民间，使其在大众当中再放光彩，发挥其应有的价值。

---

[1] 周瑾.多远文化视眼中的身体—以早期中国身心思想为中心.浙江大学博士学位论文 2003：9

　　纵观历史，中原腹地人类文明的祖先就在此劳动生存，繁衍生息。沁水位于逶迤起伏、冈峦耸翠、群峰壁立，绵延数百里的太岳山脉中部，这里历史悠久、依山傍水，属于"宜居地带"。沁河文明的发展也无一例外地发生在了山水相依的中原腹地，在这里流水经过的地方必定会有人群定居在此，更何况沁河流域一带早在我国两万多年前的"下川遗址"（下川遗址位于山西省沁水县城西70公里处的下川乡，是一处旧石器时代晚期文化遗址，1970年发现，分布于中条山主峰历山及其附近的阳城、沁水、垣曲三县毗邻的山岳地带，纵横二三十公里，其中沁水县下川地区保存较好，遗存最为丰富，故在考古学上称为"下川文化"）就有证明，我们华夏文明在这里同样留下了厚重的印记，这里特定的地理位置和特有的自然环境，形成了风光如画，山清水秀，生态良好的自然环境区。清代王徽有《沁渡秋风》诗咏道：

　　　　沁水河边古渡头，往来不断送行舟。
　　　　垂杨两岸微风动，数点眠沙起白鸥。

诗句中介绍了沁河上往来船只的繁荣景象，穿梭在沁河上的舟楫往来不息，一片和谐的景象，证明这里经济社会文明的繁荣发展，两岸的垂柳随着微风和波涛显得那么有生机和活力，渡口上一片生机盎然，沁河中心处鸥鸟翩翩起舞，景象美不胜收令人陶醉……所有的一切都向我们证明生活在这里的人们有足够的理由去创造属于他们自己特有的生活方式和特有的处世态度，应运而生了他们自己的文化特色——沁河文明。

沁河沿岸的古村镇发展历程绵长，这里民风质朴，人情醇厚，有着厚重的历史文化底蕴。纵观历史发展，这里留存着长达几千年之久的文化积累，历史文化古迹遍地，无数的历史文化印记都在向我们诉说着这里曾经的古老灿烂文明和繁荣的景象，为我们留下了诸多的历史文化篇章，形成了丰富多彩的晋东南文化、民俗特色。

在这里习俗其实就是人们把民间、民俗文化通过身体的方式做了一个历史性的传承和延续。"民俗学是研究民间风俗习惯的一门科学，它的主要任务是：以科学的态度，对历史与当代的民俗事项，进行调查、收集、整理、描述、分析和论证，探讨它的本质结构、特点与社会功能，揭示其发生、发展、传承、演变、消亡的规律，为人类社会的健康发展服务。民俗学是一门帮助人民认识历史与文化、改造现实社会生活的人文科学。"[1]民俗文化不是一种刻板的东西，它影响了我们生活的方方面面，通过身体的表达还原文化理论表达上的概念，把书本上的框架概念具体和形象化了。民俗活动更是一种"生活相"，它是人们对自己一贯生活方式的身体表达，更注重行为上的变化，没有约定俗成的文字或者专门的规定要求人们如何去做，都是人们对于生活顺其自然的表达，而且我们在这期间也会不自觉地去遵守那样的一种生活方式，在每一个特定的时期它紧紧地与当地的人文观、历史观、文化理念有机地结合在一起，与人类文明共和谐，是民众中自行流传或传承的不成文的规矩，更是一种活着的"众生

---

[1] 钟敬文.民俗学概论[M].上海：上海文艺出版社，1998，12：6

相"，是人们在征服自然发展自己的实践活动中达成的心理一致共识，是一种凝聚和升华，人们不断地通过自己的方式去接纳和传承，通过有形和无形的手段对社会和人生产生巨大的影响。

在民俗文化在传播的过程中，人类的知行起到了承上启下的作用，没有身体作为载体，一切的研究和探索都是虚无缥缈的。高平九莲灯，阳城的旱船、竹马、打桩闹故事，沁水的土沃老花鼓，沁源县的九曲黄河阵等，无不以身体进行记忆，无不以身体进行承载。沁河流域民俗体育文化活动多样，内容丰富，被列入省级或国家级非物质遗产保护名录的只是其中很小的一部分，更多的活动项目仍旧隐藏在民间，散布在地理位置相对来说比较偏僻、交通相对落后的古村落中，都处在正在或者等待被挖掘的过程之中，当然在这里我们不难发现，古村镇的交通条件越好、经济越富裕相对来说外来文化对这里的影响就会越大，人民大众的思想也就越容易被改变，其民俗体育文化的保存发展状况也就令人担忧，民间民俗体育文化更多的是在交通不便，地处偏远山区的古村镇中与外界联系较少的环境中延续，则相对优于其他的地方。

历史总会在不经意间为人们留下身体的印迹，沁河一带的人们在享受各种传统文化带来愉悦的同时更能发自内心地把他们心里的所想和所见表现出来，把历史和文化真正融入人们的生活和实践中去。这里一座座保存完整的古村、古镇、古堡寨，以及流传于民间的民俗文化活动，经过一代又一代的传承，通过建筑、文字、身体的记忆将其保存了下来。本书中着重强调了身体的记忆的功能，正所谓身体的记忆、身心的传承，例如书中提到的民间游戏骑马打仗，用身体的表现记录了古代匪患不断的历史迹象；扛庄等祭祀活动的传承，也通过身体表现记录了这里干旱的自然环境。在历史传播过程中，需要通过各种符号作为载体而传播，这些符号让我们不忘过往的艰难创业，让我们能够居安思危。本书以身体为符号，作为考察沁河流域一带历史的载体，形成独特的视角，丰富了沁河当地的民俗文化。民俗文化的传承和保护反映并记载一个民族的思想文化精髓，构成一个民族意识形态和精神实质的文化标记，以特有的方式融入一个民族的生命机体，一定程度上制约、影响着该民族思想、文明的发展，并随时代变迁而相应有所变化，因而它是约定俗成的民族精神的基本文化单元，也更是反映民族文化信息结构的重要元素。

人类总能在不断的历史发展过程中超越自我，并在自我突破中寻找

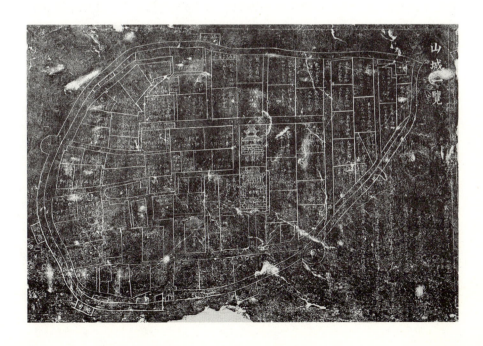

到人类自身存在的价值。人类通过主观能动性创造了传统、创造着历史，传统文化所带有的物质与精神的财富以她特有的力量影响着一代一代的中华儿女，同时又在传承传统文化后继续着历史的创造。"中国人的高躯体化表达，在于其文化中的身体观已经天然地模糊了生理与心理的本质区别和个人身体与外部世界的内外界限，它们都可以在隐藏规律的调节下展示出某种共变关系。"[1]这就是中国人的身心观，所谓"孤阴不生，独阳不长"，这也是本文结尾想要说的，延绵近五千年的华夏文明，仍然为吾身心所传承，历史也将为吾身心所延续。在那美丽的沁河流域，古代传说中的山宝与水玉，在今天的现实中依然巍峨耸立、涓涓绵长，守护着这一方水土，养育着这方百姓。这方水土所创造、流传下来的文化，必将被传承，并将打破地域的隔阂，走出晋东南、走出山西、走向全国、走向全世界。

[1] 吕小康，王丽娜.传统身体观：中国人躯体化表达的合法性渊源[J]. 南京师范大学（社会科学版）2014，1：119—124

时间，一直都是最核心的话题，在沁河流域体育组忙碌的工作中一点一滴地向着未来流淌着，随着工作的临近尾声，本应逐渐放缓的她却奔流了起来，越来越快。

这一天又是体育组的例会，当读到团队成员段佩佩的修改稿后，心生欣慰，这种欣慰不仅仅是由于工作临近尾声由轻松感带来的，更重要的是看到了团队的成长，看到了团队的进步，团队在总负责人李金龙教授的指导下一步一步地成长着。还记得团队刚成立时同学们的迷茫，不知所措；还记得任务下达后同学们的初稿，漏洞百出；还记得任务不理想同学们挨批，掉下的眼泪。时间伴随着苦恼，孕育着成长，团队在迷茫、漏洞百出与泪水中一步一步成长了起来。工作是人生存的手段，同时伴随着我们的成长，在成长的过程中逐渐地，它已不仅仅是手段，而是我们乐趣之所在，是我们人生的意义。

在将体育组沁河流域的民俗体育文化团队成员宿凤玲（第三、五部分）、卢彭彭（第二、四部分）、段佩佩、焦琪各自分工任务统稿后，经过紧锣密鼓修改到现在，心里充满了无限感慨与些许的释然，这次的工作能够顺利开展，一直到现在。首先要感谢党和政府为我们的研究提供了安定繁荣的社会环境，感谢由行龙教授牵头的三晋文化传承与保护协同创新中心为我们的研究提供了多学科交叉研究的平台与机会，感谢我们自己的团队，我们可敬、可爱的李金

龙教授，我们每一位团队成员。回想2014年6月20日晚上沁河风韵学术工作坊的鸣锣开张，到2014年7月29日对沁河流域的实地考察，到李金龙教授对整体工作的把握以及体育组团队的组建，通过不断的讨论、写作、修改、下乡、再写作、再修改、再下乡，我们的工作基本上要告一段落了。在沁河流域开展的整个工作过程中，社会史中心胡英泽教授、张俊峰教授给予了课题顺利进行的后盾与后勤保障，晋城市体育局给课题的顺利进行提供了很大的帮助，山西大学特聘教授王扎根教授和王家胜为课题的顺利进行提供了很大的帮助。特别感谢李金龙教授的学生，以及地方学者。

　　沁水，黄河的第二大支流，孕育了沁河流域伟大的人民，同时也孕育着这里美丽的文明。这里有着雄壮的两太一王，这里有着秀丽的沁丹之流，这里有着富饶的沃土煤铁，这里有着坚固的铁墙古堡，这里有着耐劳的泽潞商帮，这里有着渊深的文脉功名，这里有着山西文化独特传承的未来，这里是我们山西的骄傲，这里留下了我们的足迹……

德　秀

乙未年　辛巳月　乙酉日